A ESCRAVIDÃO NA ROMA ANTIGA

CONSELHO EDITORIAL
Ana Paula Torres Megiani
Eunice Ostrensky
Haroldo Ceravolo Sereza
Joana Monteleone
Maria Luiza Ferreira de Oliveira
Ruy Braga

A ESCRAVIDÃO NA ROMA ANTIGA

FÁBIO DUARTE JOLY

2ª edição
1ª reimpressão

Copyright © 2013 Fábio Duarte Joly

Grafia atualizada segundo o Acordo Ortográfico da Língua Portuguesa de 1990, que entrou em vigor no Brasil em 2009.

Edição: Joana Monteleone e Haroldo Ceravolo Sereza
Editor assistente: Vitor Rodrigo Donofrio Arruda
Projeto gráfico, capa e diagramação: Vitor Rodrigo Donofrio Arruda
Revisão: Alexandra Colontini
Assistente de produção: Gabriel Patez Silva
Imagem da capa: "Bulla Regia. Mosaico do triclínio da casa da nova caça". In: *História da vida privada. Do Império Romano ao ano mil*, vol. 1. São Paulo: Companhia das Letras, 1991.

CIP-BRASIL. CATALOGAÇÃO NA PUBLICAÇÃO
SINDICATO NACIONAL DOS EDITORES DE LIVROS, RJ

J66e

2. ed.
Joly, Fábio Duarte
A ESCRAVIDÃO NA ROMA ANTIGA
Fábio Duarte Joly. 2ª ed.
São Paulo: Alameda, 2013.
150 p.

ISBN 978857939241-2

1. Escravidão – Roma. 2. Cultura política – Roma. 3. Escravidão – Aspectos econômicos – Roma. 4. Escravidão – Aspectos sociais – Roma. I. Título.

13-07221   CDD: 306.3620937
             CDU: 316.343'652'(37)

ALAMEDA CASA EDITORIAL
Rua Treze de Maio, 353 – Bela Vista
CEP 01327-000 – São Paulo, SP
Tel. (11) 3012-2403
www.alamedaeditorial.com.br

*À minha esposa e sempre companheira, Vânia,
e à nossa pequena Olívia.*

Sumário

Introdução 09

1. Escravidão romana: modelos e conceitos 15

Sociedade escravista: a gênese dos modelos 16
Escravidão: estado ou processo? 29
Para uma ampliação do conceito de sociedade escravista 39

2. Escravidão e política entre a República e o Principado 47

Os primórdios de Roma e a escravidão 48
República: guerras, conquistas e rebeliões servis 51
Principado: o imperador, a aristocracia e a escravidão 67

3. Escravos e libertos na economia 83

Escravidão e trabalho 85
Escravidão e poder nas *villae* 92
Escravidão e colonato 103

4. Escravidão e cultura: teorias e metáforas   107

    Sêneca e Epiteto: escravidão,   108
estoicismo e o poder imperial

    Salústio e Tácito: escravidão   120
e interpretação histórica

Considerações finais   127

Indicações de leitura, filmes e sites   131

Introdução

> Ao penetrar nas sociedades modernas destruiu-lhes a escravidão a maior parte de seus fundamentos morais e alterou as noções mais precisas de seu código, substituindo um estado, comparativamente e para todas, de progresso pelo mais obstinado regresso até fazê-las encontrar a velha civilização de que sairão através de chamas purificadoras. Na verdade, somente quem olha para essa instituição, cegado pela paixão ou pela ignorância, pode não ver como ela desagradou vários povos modernos, a ponto de torná-los paralelos a povos corrompidos, que passaram. Não é somente o adiantamento material que ela entorpece com o trabalho servil; é também o moral, e dizendo moral eu compreendo o adiantamento da civilização, a saber, das artes, das ciências, das letras, dos costumes, dos governos, dos povos: o progresso enfim.

Joaquim Nabuco escreveu essas linhas ao iniciar o seu ensaio *A Escravidão*, em 1870. Escrevia num Brasil escravista, onde, entretanto, já se fazia sentir a campanha abolicionista, cujo argumento central é acima bem apresentado: o trabalho escravo significa um atraso material e moral e, portanto, é um estágio da história humana que deve ser necessariamente suplantado. Procuraríamos em vão na literatura grega ou romana qualquer argumento semelhante. Por mais que se denunciasse a violência da instituição, nunca se colocou em pauta a questão da sua legitimidade, pelo simples motivo de que não se concebia uma sociedade sem escravos e tampouco a escravidão era vista como um problema moral que levantasse a questão do fim do trabalho escravo.

No entanto, os pressupostos abolicionistas, alguns deles derivados da economia política clássica e da filosofia das Luzes, tiveram uma influência considerável sobre os estudos sobre a escravidão greco-romana, que muitas vezes partiram da ideia da escravidão como um obstáculo, em especial para o desenvolvimento econômico. E não raramente as teorias antigas sobre a escravidão são estudadas descoladas de seus contextos sociopolíticos, como se tratassem do fenômeno servil como algo isolado e de uma forma incompleta, uma vez que nunca chegam a propor sua abolição.

Este livro pretende, por um lado, fornecer ao leitor as linhas gerais do desenvolvimento dos estudos sobre a escravidão greco-romana e suas principais implicações para o estado atual das pesquisas e, por outro, apresentar uma proposta de abordagem da escravidão romana na qual se buscará acentuar as inter-relações entre os processos históricos – políticos e econômicos – que tiveram lugar na Roma antiga com as visões contemporâneas sobre a escravidão.

O recorte cronológico privilegiará o período que se estende dos séculos III a.C. ao II d.C., por abrangerem, respectivamente, desde o momento de consolidação do sistema escravista na Península Itálica até aquele de seu declínio. A documentação utilizada é sobretudo literária, tanto latina como grega, e de natureza variada: historiográfica (Dionísio de Halicarnasso, Diodoro da Sicília, Apiano, Salústio, Tito Lívio, Tácito), técnica (os tratados sobre agricultura de Catão, Varrão e Columella) e filosófica (Cícero, Sêneca, Epiteto).

A ideia norteadora do livro é a de que, na Antiguidade romana, a escravidão era vista também como uma instituição social e política no sentido de que a relação senhor-escravo tinha consequências para a organização sociopolítica da cidade, pois o escravo libertado por um cidadão romano podia vir a se tornar cidadão. E, no plano cultural, a relação senhor-escravo era utilizada conceitualmente para se pensar outras formas de exploração e subordinação. Daí a proposta, no que tange a Roma antiga, de uma rediscussão do próprio conceito de "sociedade escravista", ainda demasiadamente centrado num entendimento da escravidão como mera instituição econômica.

O livro divide-se em quatro capítulos, que abordam temas específicos. No primeiro, intitulado "Escravidão romana: modelos e conceitos", são apresentados os principais modelos interpretativos da escravidão romana em particular, e antiga em geral, assim como as definições mais correntes de escravidão e escravo, e suas respectivas limitações. Esse capítulo introdutório tem a função de explicitar as bases teórico-metodológicas em que se apoiam os capítulos subsequentes. "Escravidão e política entre a República e o Principado" aborda dois processos históricos – a expansão de Roma pela Península Itálica e pelo Mediterrâneo a partir do século III a.C. e a formação da *nobilitas* romana, e a instauração do Principado e a nova configuração do poder que se lhe seguiu a partir do final do século I a.C. – e respectivas influências nas concepções da escravidão por parte das elites em Roma. O terceiro capítulo – "Escravos e libertos na economia" – trata inicialmente das modalidades de emprego da mão de obra servil e das atividades econômicas empreendidas por libertos na Roma antiga, para depois se deter na visão da escravidão que desponta da leitura dos tratados agronômicos latinos. Por fim, "Escravidão e cultura: teorias e metáforas" analisa alguns exemplos do uso metafórico que se fez da figura do escravo no pensamento político e filosófico na Roma antiga.

O leitor pode-se perguntar, e com razão, sobre qual a relevância de se estudar hoje em dia a escravidão romana. Ora, cabe lembrar que o Brasil foi, por tanto tempo quanto a Roma antiga, uma sociedade escravista, o que necessariamente nos leva a indagar sobre o impacto da escravidão no processo de formação da sociedade brasileira. Mas o principal interesse do tema para o historiador reside no fato de a escravidão ter sido uma constante na história da humanidade, subsistindo inclusive até hoje. Analisar tal fenômeno, portanto, mesmo que seja numa sociedade tão diferente e distante da nossa como aquela de Roma, é uma forma de refletir sobre as modalidades de exploração do trabalho vigentes no mundo contemporâneo e suas consequências econômicas, políticas e culturais.

• • • • •

A realização deste livro foi possível devido à pesquisa de doutorado desenvolvida no Departamento de História da FFLCH-USP, sob orientação do Prof. Dr. Norberto L. Guarinello e financiamento da Fundação de Amparo à Pesquisa do Estado de São Paulo (Fapesp) entre 2002 e 2006. Agradeço a leitura crítica e comentários dos professores Fábio Faversani, Norberto L. Guarinello, Rafael de Bivar Marquese, Andréa Slemian, João Paulo G. Pimenta e Marilena Vizentin.

Para esta segunda edição, além de pequenos ajustes no texto, procurei atualizar as referências bibliográficas, bem como complementar informações referentes aos processos de escravização e manumissão na Roma antiga, tratados de forma mais sumária na primeira edição, de 2005. Para tanto, contei com o auxílio de bolsa de produtividade do CNPq.

1

Escravidão romana: modelos e conceitos

É quase consenso atualmente, no campo dos estudos históricos, que a Itália antiga, sobretudo entre os séculos III a.C. e II d.C., fez parte ao lado da Grécia clássica, do Brasil, do Sul dos Estados Unidos e do Caribe inglês e francês entre os séculos XVI e XIX, do restrito grupo de sociedades escravistas. De acordo com o historiador Moses Finley (1991, p. 84-85), uma sociedade é genuinamente escravista quando a escravidão se torna uma instituição essencial para a sua economia e seu modo de vida, no sentido de que os rendimentos que mantém a elite dominante provêm substancialmente do trabalho escravo.

Como se vê, é uma definição circunscrita ao plano econômico, e que não considera os aspectos sociais e culturais da escravidão. Esse limite tem sido apontado pela historiografia mais recente, seja nos estudos que buscam salientar o impacto das relações escravistas na conformação da visão de mundo – expressa sobretudo na literatura – dos antigos romanos (p. ex. Fitzgerald, 2000), seja naqueles em que se observa uma tendência a minimizar o peso econômico da mão de obra escrava na Itália, alegando a preponderância de outras formas de exploração do trabalho. Nesse último caso, pode-se citar a indagação de Jean Andreau: "A sociedade romana era escravista? A resposta já não passa despercebida, mas não colocamos mais a questão. Ela não é mais respondida, mas simplesmente colocada de lado" (Andreau, 1999, p. 105). Pode ser a alternativa mais fácil, porém certamente não é a mais aceitável, caso se queira avançar na compreensão de um importante aspecto da história social, política e econômica de Roma. Trata-se antes de rediscutir o conceito a fim de que ele permita uma maior inteligibilidade da função da escravidão no mundo romano.

Logo, convém iniciar com uma breve síntese das visões modernas sobre a escravidão antiga. Breve porque se restringirá a delinear as principais linhas interpretativas sobre o tema que vêm se desenvolvendo desde a segunda metade do século XIX e que nos ajudam a compreender o estado atual das pesquisas e as concepções mais correntes sobre a escravidão romana. Essa exposição servirá como preâmbulo para uma discussão dos conceitos de escravo e liberto e, por fim, para uma ampliação do próprio conceito de sociedade escravista.

Sociedade escravista: a gênese dos modelos

É inevitável que simplificações ou omissões façam parte de qualquer modelo explicativo da escravidão romana. Todo historiador deve, obrigatoriamente, selecionar e classificar os dados históricos presentes na documentação pertinente, apresentando-os de um modo coerente e persuasivo sob a forma de uma narrativa.

Os pressupostos – teóricos ou mesmo políticos – que norteiam a elaboração dessa narrativa, às vezes não são expressos explicitamente, embora estejam sempre subjacentes (McKeown, 2007). Ter em mente essas observações ajuda-nos a adentrar na tradição historiográfica que elegeu a escravidão antiga como seu foco de reflexão. Foi no bojo dos debates acalorados sobre a abolição do trabalho escravo nas colônias inglesas e francesas a partir da segunda metade do século XVIII que despontaram os primeiros estudos sobre a escravidão entre os gregos e romanos, a despeito de, já no século XVI, existirem algumas obras a respeito, frutos da erudição antiquária humanista.

Embora desde o mundo antigo a escravidão fosse objeto de críticas – mas sem qualquer menção à sua total extinção – foi apenas a partir de 1750 que sua legitimidade passou a ser questionada e sua abolição irrestrita defendida. Em linhas gerais, a crítica partiu de três frentes, praticamente simultâneas (cf. Joly e Marquese, 2003, p. 25). Em primeiro lugar, a longa associação entre cristianismo e escravidão foi posta em dúvida pelos *quakers*, seita que surgiu na esteira das revoluções inglesas do século XVII. Equiparando a escravidão a um pecado, os *quakers* contribuíram para minar o ideário pró-escravista que também tinha na tradição cristã uma de suas bases. Muitas das primeiras sociedades antiescravistas inglesas e norte-americanas eram compostas, em grande parte, por membros dessa seita. Em segundo lugar, os filósofos da Ilustração – a começar por

Montesquieu – negaram que o trabalho escravo fosse conforme ao direito natural e, portanto, legítimo. Enfim, o discurso da economia política proposto pela fisiocracia e pelo Iluminismo escocês – cuja figura maior foi Adam Smith – atacou os fundamentos econômicos da escravidão, questionando sua eficiência e produtividade em comparação com o trabalho assalariado.

Nenhuma obra demonstra melhor o impacto desse clima intelectual do que a monumental *Histoire de l'Esclavage dans l'Antiquité*, de Henri Wallon (1812-1904). Publicada na França em 1847, vinha como resposta a duas indagações colocadas em um concurso de 1837 pela Academia de Ciências Morais e Políticas: "Por que causas a escravidão antiga foi abolida? A partir de que época a escravidão desapareceu completamente da Europa ocidental, não restando apenas a servidão da gleba?". Ora, tais questões remetiam, na realidade, às dificuldades para se erradicar, na prática, o trabalho escravo nas colônias, tanto que, não por acaso, o próprio Wallon redigiu um texto intitulado *L'Esclavage dans les colonies*, posteriormente incorporado como introdução à sua obra maior na reedição de 1879. Em ambos os escritos encontramos o mesmo raciocínio: a escravidão é contrária ao direito natural, corrompe tanto senhores como escravos e impede o desenvolvimento do trabalho livre e sua respectiva produtividade.

Todavia, não devemos nos esquecer de que também ocorreu um movimento inverso, em que se apelava para a Antiguidade a fim de justificar o trabalho escravo.

Assim, na cultura escravista dos Estados Unidos, para se legitimar a instituição da escravidão nos Estados do Sul, comparava-se o trabalho assalariado a uma "escravidão" e o sistema político sulista à democracia grega no sentido de que os livres podiam dedicar-se ao bem público justamente porque o trabalho manual estava a cargo de escravos. Essa foi, por exemplo, a ideologia apregoada nos escritos de John Caldwell Calhoun (1782-1850), figura de relevo da política norte-americana (vice-presidente em 1824, senador em 1828 e secretário de Estado em 1845) (cf. Canfora, 1991, p. 31-32). Em seus *Remarks on the State Rights, Resolutions in Regard to Abolition*, de 1838, criticava aqueles que confundiam democracia com igualitarismo, condenava o trabalho industrial do Norte que convertia o operário em "escravo assalariado" e fazia uma apologia da democracia grega. *Pari passu* com essa crítica, postulava-se uma visão paternalista – tenazmente combatida pelos abolicionistas – da escravidão: nas *plantations*, o tratamento conferido pelos senhores seria mais humano do que aquele prevalecente nas organizações industriais urbanas.

Em suma, tanto no ideário abolicionista como no pró-escravista, a escravidão antiga era abordada de um ponto de vista moral. No primeiro caso, buscando-se ressaltar seus efeitos deletérios sobre a sociedade; no segundo, servindo-se da metáfora da escravidão para desqualificar o trabalho livre. No entanto, mesmo depois de completos os processos de emancipação na segunda metade do século XIX (nas colônias inglesas e francesas em 1833 e 1848, respectivamente; nos Estados Unidos, em 1865; em Cuba, 1886, e no Brasil, 1888),[1] algumas das ideias acima expostas continuaram a ditar os caminhos de abordagem da escravidão antiga. Nesse sentido, merece destaque a concepção propagada pela economia política clássica de que essa instituição representava um obstáculo ao pleno desenvolvimento das forças econômicas, pressuposto aceito, em grande parte, pela historiografia desde o final do século XIX.

Data desse momento um dos principais impulsos ao estudo da escravidão antiga, que agora colocava a questão não em termos estritamente morais, mas sociológicos. A escravidão passou então a ser situada no contexto de uma discussão sobre a evolução da sociedade humana. Já em 1789 Johann Friedrich Reitemeier (1755-1839) publicava um ensaio sobre a escravidão grega, localizando a origem da instituição em um período nômade da história grega em que se tornou necessário o trabalho compulsório para a produção de subsistência da comunidade. Posteriormente, no século V a.C., com o aumento do nível de vida e, consequentemente, do luxo, surgiu a forma clássica da escravidão. Reitemeier, como lembra Finley (1991, p. 38), por seus trabalhos no campo da história jurídica, pode ser considerado um dos fundadores da Escola Histórica Alemã.

---

1   O Haiti representou um caso à parte. A colônia francesa conseguiu sua independência e abolição da escravidão após um processo revolucionário iniciado em 1791 e encerrado em 1804.

A teoria dos estágios do desenvolvimento econômico, um dos principais legados dessa escola, enraizou-se no historicismo da *Nationalökonomie* (economia política), que procurava relacionar as concepções econômicas às condições em que elas surgiram. Desde o início a economia política histórica defendeu sua ligação com o historicismo, contra aqueles que pensavam em separar a economia da história, visando a uma ciência teórica que estabelecesse as leis gerais que regem os fenômenos econômicos. O pano de fundo da abordagem historicista era a expansão do capitalismo europeu como vinha se expressando na Inglaterra, na França, na Alemanha e na Áustria. Então, para explicar o surgimento do novo sistema econômico que se impunha com uma velocidade e impactos sem precedentes, adotava-se uma visão evolutiva e gradativa da história, em que as etapas anteriores eram mais atrasadas economicamente do que a contemporânea. A economia da Antiguidade greco-romana, com sua base escravista, passou a ocupar o último lugar do pódio, aparecendo como um reflexo invertido da economia capitalista moderna. Temos aqui o nascimento daquela que posteriormente seria denominada querela entre "primitivistas" e "modernistas".

Em 1861, Wilhelm Roscher (1817-1894), um dos principais representantes da escola histórica em economia, pronunciou-se sobre o tema. Em um ensaio sobre a relação da economia política com a Antiguidade clássica, Roscher distinguia três fases do desenvolvimento econômico. Num primeiro período predominou como principal fator da produção a natureza, no segundo o trabalho humano, no terceiro o capital. Na Antiguidade, a escravidão doméstica preponderava, com os escravos sendo responsáveis por todas as tarefas produtivas, que posteriormente seriam assumidas pela indústria. Mas atribui-se ao ensaio de Karl Rodbertus (1805-1875) sobre a história da tributação romana desde os tempos de Augusto, de 1865, a inauguração da vertente primitivista. Nessa obra apresentava a ideia de que, dentre os romanos, havia um único tipo de tributo, aquele pago pelo senhor da casa (*oikos*) a partir dos rendimentos de sua propriedade. Essa centralização não existia no mundo moderno, onde a tributação estava distribuída entre os diversos grupos sociais e suas posições no mercado: assim, há taxas sobre a propriedade da terra ou de capital, e o capital pode ser industrial ou comercial, o qual pode, por sua vez, ser investido em bens ou em dinheiro. No entanto, o que ficou dessa "teoria do *oikos*" de Rodbertus foi sua caracterização da economia romana como fundada em unidades familiares auto-suficientes. Em 1893, Karl Bücher (1847-1930), em sua obra *O surgimento da economia nacional*, retomou esse ponto, afirmando que, na Antiguidade, predominou uma "economia doméstica fechada", cuja mão de obra utilizada era predominantemente escrava: "A partir da autonomia econômica das casas onde se empregavam escravos explica-se toda a história social, e uma boa parte da política, da Roma antiga" (*apud* Gummerus, 1976, p. 5).

Em contrapartida a essa visão ganhou corpo uma postura oposta, "modernista", que, em vez de realçar as diferenças entre as economias antiga e moderna, insistia em suas semelhanças. Nessa linha, Eduard Meyer (1855-1930), em 1895, publicou um ensaio, que tinha como alvo a tese de Bücher, sobre o desenvolvimento econômico da Antiguidade (*Die wirtschaftliche Entwicklung des Altertums*). Aqui desaparece o abismo entre a Antiguidade e a modernidade, e qualquer menção à economia natural, do *oikos*: a economia antiga é tratada como se fosse totalmente industrial e com um comércio desenvolvido, além de subordinada a um Estado de tipo nacional, como na Europa do século XIX. Aliás, Meyer utilizava sem ressalvas conceitos como fábrica e simplesmente comparava os escravos a operários modernos.

Contra essa metodologia de Meyer, e também contra o modo como Bücher aplicava o conceito de "economia do *oikos*", insurgiu-se Max Weber (1864-1920) na segunda edição de sua obra *Relações agrárias na Antiguidade*, de 1909. Em primeiro lugar, ressaltou que o conceito de Bücher devia ser empregado como um "tipo ideal", ou seja, como uma construção teórica que auxilia a compreender uma dada realidade, mas que necessariamente não pode se identificar com ela em todos os seus traços. Em segundo lugar, censura Meyer porque seus conceitos modernizantes não encontravam respaldo na documentação antiga e, portanto, promoviam distorções do fenômeno histórico. Quanto à escravidão, Weber adota um meio-termo: entende-a como subordinada a um capitalismo, mas não do tipo moderno. Em sua opinião, o capitalismo antigo, sobretudo aquele praticado na Roma republicana, tinha móveis políticos, sendo a guerra o principal deles. A expansão militar gerava uma maior disponibilidade de escravos e incentivava seu uso capitalista em plantações, empresas marítimas, mineração etc. Ademais, a oferta de terras a baixo custo, muitas vezes resultado das campanhas militares, era uma condição essencial, pois compensava o alto investimento realizado na compra da escravaria e o capital nela imobilizado. No entanto, aceitando os pressupostos da economia política de seu tempo, descartava o escravismo como mais rentável que o emprego de mão de obra livre, pois aquele impossibilitava um cálculo racional do capital investido.

Dentro desse mesmo contexto intelectual, pois partilhando de suas ideias básicas, deve-se citar ainda o marxismo como outro importante impulso aos estudos sobre a escravidão antiga. Mas deve-se distinguir a posição de Marx a esse respeito, daquela que surgiu posteriormente, a partir da década de 1930, adotada na União Soviética, de orientação leninista e stalinista. A Antiguidade clássica – Grécia e Roma – não era um terreno desconhecido para Karl Marx (1818-1893). Conhecia a literatura grega e latina, que era capaz de ler no original, e defendeu *Dissertation* de doutorado, em 1841, sobre filosofia antiga, intitulada *Diferença da filosofia da natureza em Demócrito e Epicuro*. No entanto, tanto ele como seu companheiro de escritos, Friedrich Engels (1820-1895), não tiveram como objetivo desenvolver uma análise sistemática da escravidão grega ou romana. Quando a mencionavam, tinham em vista a preocupação em delinear o processo histórico que levou ao surgimento do capitalismo e correspondente sociedade de classes. Para tanto, partiam da tradicional – que remonta ao século XVII – esquematização da história em três etapas: Antiguidade, Idade Média e Época Moderna. Nesse contexto, a escravidão era considerada um elemento essencial das sociedades antigas e, como tal, situada no processo de desenvolvimento da divisão do trabalho. Como escreveram na *Ideologia Alemã* (1845-1846), o trabalho escravo estava presente nas duas formas de propriedade que existiram nas sociedades antigas: a propriedade da tribo e a propriedade comunal. No primeiro caso, predominava a unidade familiar, sendo a escravidão marginal, mas empregada a partir do momento em que se teve um aumento da população e de suas necessidades materiais. Já a propriedade comunal decorreu da união de várias tribos, formando cidades. Aqui é a posse comum da terra que define a pertença a uma comunidade e que, portanto, permite aos cidadãos explorar escravos. Todavia, dessas afirmações não pode ser, de imediato, derivada a conclusão de que a oposição entre livres e escravos tenha sido a única contradição das sociedades antigas. Pelo contrário, e especificamente para o caso de Roma, Marx sublinha que a luta entre os grandes proprietários de terras e os pequenos camponeses sempre foi uma constante, mas influenciada pelo escravismo que formava a base da produção.

Foi a elevação dos escritos de Marx e Engels à categoria de "clássicos" pelos líderes políticos da revolução russa

– sobretudo Lênin e Stalin – que cristalizou de modo esquemático e rígido na União Soviética a teoria dos cinco estágios da evolução da humanidade: sociedade patriarcal arcaica, escravismo, feudalismo, capitalismo e comunismo. Comprovar a existência de um período escravista tornou-se então uma necessidade política, já que era uma etapa rumo ao fim da sociedade burguesa capitalista e à futura instauração da sociedade comunista. Entre 1930 – é de 1934 a primeira grande síntese, *A história da antiga sociedade escravista*, de Tjumenev – e 1950, predominou essa linha de interpretação em que o objetivo era demonstrar que a escravidão foi o principal sistema econômico da Antiguidade e que sua superação deu lugar à servidão medieval. A partir da década de 1960, com a morte de Stalin, a produção soviética começou a abandonar o dogmatismo, atentando para a diversidade das formas de exploração do trabalho na Antiguidade greco-romana, embora o grande tema permanecesse sendo explicar as "contradições internas" do modo de produção escravista que levaram ao seu fim no Ocidente.

O clima tenso na Europa após a Segunda Guerra Mundial, com a separação do bloco socialista, também deixou sua marca nas abordagens sobre a escravidão antiga. Parcialmente como reação ao marxismo, levantaram-se algumas vozes, como a de Joseph Vogt (1895-1986), da Universidade de Mainz. Vogt propunha uma visão da escravidão antiga de acordo com a qual também prevaleciam relações humanas entre senhores e escravos e não apenas opressão e exploração. Para ele, a escravidão não era incompatível com a existência de uma cultura humanista na Antiguidade, discussão que, em última instância, remetia ao debate sobre a função da cultura clássica na Alemanha do pós-guerra, retirando-a de sua associação com o nazismo.

No entanto, se houve uma obra sobre escravidão antiga que se destacou na segunda metade do século XX foi a de Moses Finley (1912-1986), que chamou a si a tarefa de rever a tradição historiográfica anterior e colocar o debate em outros termos. Obrigado a deixar a Universidade de Rutgers nos Estados Unidos em 1952 devido ao macarthismo, Finley instalou-se em Cambridge, onde lecionou História Antiga entre 1955 e 1982. Embora tenha sido aluno de W. L. Westermann, autor de uma das principais sínteses sobre escravidão greco-romana (*The slave systems of Greek and Roman Antiquity*, de 1955), mais relevante em sua formação foi o contato com intelectuais exilados da Alemanha nazista que se transferiram para os Estados Unidos na década de 1930. Em 1934, o Instituto para Pesquisa Social, sob a direção de Max Horkheimer, mudou-se de Frankfurt para Nova York, associando-se à Universidade de Columbia. Finley envolveu-se em várias atividades no instituto e partilhou de sua preocupação em revisar os princípios do marxismo, muitas vezes à luz dos escritos de Weber. Como bem resume Thomas Wiedemann:

> Para Finley, como para Weber, o conceito de uma "economia autônoma" não existiu na Antiguidade, daí que devemos ver os escravos como um "grupo de *status*", e

não como uma "classe econômica"; e devemos entender as opções econômicas feitas pelos indivíduos (por exemplo, de consumir serviços em vez de desenvolver novas tecnologias) em termos não de uma racionalidade econômica capitalista, que visa a maximizar lucros, mas de prioridades específicas e igualmente racionais ditadas pela "mentalidade" ou "sistema de valores" do grupo social ao qual o indivíduo pertence. (Wiedemann, 1987, p. 7-8)

Assim, um dos méritos da obra de Finley foi o de ter explicitado que qualquer análise da escravidão romana não pode ser desvinculada de uma análise da sociedade romana, ou seja, do modo como os grupos sociais se organizam do ponto de vista político, econômico e ideológico.

No entanto, se há um denominador comum entre os estudos acima citados é o de que a escravidão permanece sendo apresentada sobretudo como uma relação econômica, às vezes dando a impressão de que se está mais a falar de uma economia escravista do que propriamente de uma sociedade escravista. Subjacente a essa perspectiva, está a definição do escravo como primordialmente uma propriedade, pois como tal é que se torna permitida sua exploração econômica irrestrita pelo senhor e sua anulação como indivíduo. Nesse sentido, as relações de produção seriam sancionadas por relações jurídicas, geridas pelo Estado, consolidando a exploração escravista. Mas, a despeito da consciência da dificuldade de se extrair das normas jurídicas que regiam a relação senhor-escravo na Roma antiga – preservadas pelo *corpus* da jurisprudência romana – as realidades econômicas a que remetiam, é comum a historiografia adotar uma definição de escravidão que tem como referência os textos legais. O resultado dessa tendência é, ainda, uma apresentação restrita do fenômeno servil, em que prevalece a descrição do "estado" do escravo e não da escravidão como um "processo" que, em Roma, podia ter a liberdade como ponto de chegada. Em suma, é preciso considerar a escravidão também como um fenômeno que se inseriu num quadro dinâmico de interações sociais, e que acabou por conformar o universo cultural tanto de senhores como de escravos.

Escravidão: estado ou processo?

Em um artigo esclarecedor, mas pouco citado pelos estudiosos da escravidão antiga, Igor Kopytoff procede a um exame da conceituação da escravidão no pensamento antropológico contemporâneo, refutando a recorrente definição dessa instituição como uma forma de propriedade e de trabalho compulsório – que por si só não explicam a posição social do escravo – e sugerindo uma abordagem alternativa. Em suas palavras:

> A escravidão não deve ser definida como um status, mas antes como um processo de transformação de status que pode prolongar-se uma vida inteira e inclusive estender-se para as gerações seguintes. O escravo começa como um outsider social e passa por um processo para se tornar um insider. Um indivíduo, despido de sua identidade social prévia, é colocado à margem de um novo

grupo social que lhe dá uma nova identidade social. (Kopytoff, 1982, p. 221)

A marginalidade não é, portanto, étnica, cultural ou racial, mas social. Ou, na expressão já célebre de Orlando Patterson (1982), trata-se de uma "morte social", do qual o escravo "renasce" apenas pela intermediação do senhor. Colocada nesses termos, tal abordagem distingue-se daquelas teorias que equiparam o escravo na Roma antiga ao estrangeiro, ao não romano, como defendeu H. Lévy-Bruhl (1931) em um ensaio clássico e, após ele, o próprio Finley (1991, p. 79).

Logo, a questão desloca-se da desumanização do escravo e de sua transformação em propriedade para os problemas colocados por sua ressocialização. Este ponto não passava despercebido aos próprios antigos. Por exemplo, no *Satyricon*, romance escrito nos tempos de Nero, Petrônio descreve a casa de um rico liberto, Trimalcião, em cuja parede "tinha ali sido pintado um mercado de escravos, com suas tabuletas, e o próprio Trimalcião, de cabelos compridos, segurava o caduceu e entrava em Roma, conduzido por Minerva. A partir daí, ele teria aprendido a fazer cálculos e, em seguida, teria sido promovido a tesoureiro; tudo isso o minucioso pintor tinha reproduzido diligentemente com letreiros" (39, 3-4). Tal representação iconográfica da trajetória de um ex-escravo, embora citada numa obra de caráter ficcional, revela um entendimento processual da escravidão pelas camadas senhoriais. Igualmente, no direito romano, ambos os extremos da condição do escravo

– exclusão e inclusão – são contemplados, em que pese a tendência da historiografia a enfatizar o primeiro aspecto. Legalmente, o escravo era uma coisa (*res*). Como qualquer outro bem, podia ser vendido, alugado, disposto em testamento e até morto pelo senhor. Em uma conhecida passagem, Varrão classificava os "instrumentos" em três tipos: "vocais" (os escravos), "semivocais" (os bois) e "mudos" (os carros) (*Rerum Rusticarum*, I, 17, 1).

Todavia, o escravismo romano não teria perdurado se as relações entre senhores e escravos tivessem se pautado exclusivamente por esses pressupostos jurídicos. O controle dos escravos era fundado muito mais em estratégias de cooptação que visavam a diminuir os atritos do que no uso da coerção, embora este sempre tenha permanecido como último recurso. Mesmo que, por direito, o escravo não fosse um cidadão, a cidadania era um parâmetro a partir do qual sua situação na casa (*domus*) era concebida. Daí que, de certo modo, se estabelecia na Roma antiga comparações entre o escravo e o cidadão. A lógica do sistema escravista fazia do escravo na casa o homólogo de seu senhor na cidade. Se era negada ao escravo a *civitas* (cidadania), por outro lado, existia como que um direito doméstico que atribuía ao escravo o que a cidade não lhe reconhecia, direito este que guardava analogia com as relações entre cidadão e magistrados. Excluído do *conubium* (casamento legal), o escravo encontrava na casa o *contubernium*; privado do direito de propriedade, tinha o *peculium* que lhe era concedido pelo senhor, podendo inclusive possuir seus próprios escravos, os *vicarii* (Dumont, 1987, p. 106-107).

A definição da escravidão como um processo, e não como um estado fixo, conduz-nos assim às inter-relações entre cidadania e escravidão na Roma antiga, e suas consequências políticas e sociais, ainda mais porque o escravo de um cidadão romano, quando libertado, podia tornar-se um cidadão, uma peculiaridade de Roma frente às outras sociedades escravistas.

Na Roma antiga, a relação entre escravidão e cidadania, como um aspecto de sua estrutura sociopolítica, remonta a um duplo processo que marcou a expansão militar romana a partir do século IV a.C. Por um lado, um constante estado de guerra pautou o cenário mediterrânico no período helenístico, colocando Roma em choque inicialmente com comunidades itálicas e posteriormente com poderes imperiais, como Cartago. Foi precisamente essa inserção de Roma num contexto de competição entre cidades-estados e impérios pela concentração de recursos materiais que possibilitou a obtenção e circulação de cativos de guerra, transformados em escravos pela crescente demanda por mão de obra, resultado da conquista de terras e aumento da riqueza das elites dirigentes. Por outro lado, a peculiaridade que destacou Roma nesse período foi sua capacidade de cooptação de elites locais para seus quadros político-militares, o que era feito por uma concepção específica de cidadania. A cidadania romana era simplesmente uma categoria legal, desligada de qualquer critério étnico ou geográfico (Eckstein, 2008, p. 20).

Desde o século IV a.C., quando Roma estabeleceu seu poder inicialmente sobre parte do Lácio, a Etrúria Meridional e a Campânia setentrional, as relações jurídicas com as comunidades sob sua égide foram reconfiguradas. No topo da escala situava-se a cidadania romana, que incluía o direito a voto (*suffragium*) nas várias assembleias em Roma e a elegibilidade para magistraturas, além de deveres militares. A partir dessa cidadania plena (*optimo iure*), definiam-se outras modalidades de participação no sistema romano de poder, conferidas a título de recompensa ou punição. Esse caráter ambivalente de uma cidadania parcial encontra-se, por exemplo, na cidadania sem direito de voto (*civitas sine suffragio*), que significava a manutenção de uma autonomia política, com o dever de fornecer homens ao exército romano e pagar tributo. Além disso, a fundação de colônias "latinas" mostrou-se o principal instrumento de controle das comunidades itálicas ao permitir-lhes uma autonomia regulada. O *ius Latii* (direito latino) compreendia os direitos de *commercium* (capacidade legal de relações comerciais e de firmar contratos) e *conubium* (casamento legal), regulando assim as relações civis entre os latinos e aqueles com cidadania romana. Do ponto de vista fiscal e militar, suas obrigações também eram fixadas por tratados com Roma (Sherwin-White, 1980, p. 38-116).

A cidadania romana inseria-se, portanto, num *continuum* de direitos e deveres outorgados por Roma a seus aliados. Esse aspecto, conjugado com sua desvinculação a critérios étnicos e geográficos, permeou igualmente a instituição da escravidão. À abertura externa – unindo as cidades submetidas na Itália a um amplo sistema de alianças e depois à plena cidadania em 89 a.C. – correspondeu uma abertura interna, integrando ao corpo de cidadãos os escravos libertos por seus senhores, inclusive tomando-se como modelo as relações de dependência política entre Roma e as comunidades submetidas.

Sob a República, as três formas principais de manumissão em Roma – pelo censo, *vindicta*, e por testamento – revestiam-se de uma dimensão política, pois implicavam um reconhecimento público da condição do liberto, que agora passava a ser inscrito em uma das quatro tribos urbanas da cidade de Roma e tinha direito a voto nas assembleias. O ex-escravo passava a deter não apenas liberdade pessoal, mas também liberdade cívica, embora não gozasse de elegibilidade para as magistraturas (Millar, 1995). Seus filhos, contudo, não teriam impedimentos legais para seguir uma carreira pública. A associação entre liberdade e cidadania, conferida pela manumissão, era uma atribuição senhorial, sancionada pelo Estado. O liberto continuava ainda ligado a seu ex-senhor, agora patrono, por meio de um conjunto de obrigações, formais e informais, referentes a demonstrações de respeito (*obsequium*) e prestações de serviços (*operae*) (Waldstein, 1986).

Se, na República, a manumissão sem o aval de um magistrado não conferia liberdade jurídica, a partir de

Augusto, isso podia acontecer, mas não acompanhada de cidadania. Com o advento do Principado, o ato da manumissão e suas consequências políticas transformaram-se. Em primeiro lugar, ocorreu uma limitação numérica da capacidade de manumitir: a *lex Fufia Caninia* (2 a.C.) estipulava um número máximo de escravos a serem libertados por testamento, no sentido de que a proporção diminuía à medida que o tamanho da *familia* aumentava. Em segundo lugar, Augusto promoveu uma separação entre *libertas* e *civitas* ao introduzir uma nova categoria de libertos, criada pela *lex Junia*,[2] que retomava a noção de colônia latina: os *Latini Juniani*. De acordo com a definição do jurista Gaius, esses libertos "são latinos porque a lei deseja que sejam livres como se fossem cidadãos romanos ingênuos que, emigrados de Roma para colônias latinas, tornaram-se colonos latinos; são junianos porque a lei Júnia tornou-os livres, ainda que não fossem cidadãos romanos" (*Institutas*, III, 56).

Por fim, a *lex Aelia Sentia*, de 4 d.C., estipulou que o escravo que recebesse a liberdade antes dos trinta anos de idade, ou cujo senhor tivesse menos de vinte anos, não teria direito à plena cidadania, ganhando o *status* de *Latinus Junianus*. Tais libertos podiam dispor do *ius commercii*, que lhes permitia adquirir e vender propriedade, ou firmar contratos, mas não lhes era facultado o

---

2   Sua datação não é consensual: 17 a.C., 15 ou 19 d.C. (sob Tibério)? Mas, como observa Sherwin-White (1980, p. 332), "a cronologia dessa lei não afeta grandemente a compreensão da política relativa à manumissão no Alto Império".

direito romano de *conubium* e transmitir seus bens a herdeiros naturais. Ou seja, não podiam redigir testamento, de modo que, assim como o pecúlio de um escravo, suas posses, ao morrerem, voltavam ao patrono. A mesma *lex Aelia Sentia* estabelecia que o escravo que não fosse libertado pelos procedimentos formais – *vindicta* ou *testamento* (a *manumissio censu* desapareceu sob o Império) –, mas apenas pela vontade (*voluntas*) do senhor, "entre amigos" (*inter amicos*), também seria considerado *Latinus Junianus*. Já os escravos que tivessem sido castigados por mau comportamento, se manumitidos, deveriam ser incluídos na categoria dos *dediticii*, estatuto similar aos dos povos conquistados por Roma que não foram tornados aliados (Buckland, 1908, p. 533-51).

No tocante ao impacto dessas leis nas taxas de manumissão, parece-nos que apenas a *lex Fufia Caninia* restringia diretamente o número de manumissões por testamento, com o intuito de garantir uma maior proteção aos herdeiros de um indivíduo que agora não mais podia manumitir todos seus escravos à sua morte. A *lex Junia* e a *lex Aelia Sentia* não promoveram *per se* uma diminuição das alforrias, mas a restrição da concessão de cidadania romana plena. A *lex Junia* regulou e atribuiu uma personalidade jurídica aos libertos que antes eram manumitidos informalmente e não possuíam um *status* definido, permanecendo como escravos perante o direito civil. Nesse sentido, pode-se alegar que tais leis até contribuíram para o aumento de alforrias, já que os senhores agora adquiriam a vantagem de manter maior controle sobre as propriedades dos libertos, não transferíveis aos descendentes desses últimos.

Por outro lado, incumbia-se o próprio liberto de obter a cidadania. Além da vontade senhorial ou do beneplácito imperial, o *Latinus Junianus* poderia alcançá-la por meio do casamento com um(a) romano(a) ou latin(o), produzindo filhos, e por certas disposições legislativas: no caso da cidade de Roma, por serviços nas coortes de vigília, construção de navios para transporte de trigo ou produção de pão para o Estado. Destaca-se aqui o requisito da procriação como alternativa para o Latino Juniano tornar-se cidadão: uma prática de consequências demográficas significativas, ainda mais se considerarmos que a maioria dos escravos manumitidos podia ser composta de mulheres. Augusto, enfim, tratou de incentivar os libertos a terem descendência como critério primordial de cidadania, para si e seus descendentes.

A outorga de cidadania a todos habitantes livres do Império, com exceção dos *dediticii*, em 212 d.C., sob Caracala, não alterou radicalmente esse quadro, se lembrarmos que muitas leis, após esse período, ainda discutem como libertos, ou mesmo escravos, tornar-se-iam cidadãos romanos plenos (Mathisen, 2006, p. 1019). Somente com Justiniano observa-se uma mudança mais profunda, ao descartar a *Lex Aelia Sentia* e a *Lex Fufia Caninia*, além de anular as condições de Latino Juniano e *dediticius* (Morris, 1996, p. 135-6). Até o século VI, observa-se assim um notável padrão de continuidade nos processos de integração sociopolítica do liberto no interior do Império Romano por meio da prática da manumissão em seus vários níveis jurídicos.

A manumissão era, portanto, um elemento estruturante na reprodução política e econômica de uma sociedade escravista como a romana. Todavia, na conceituação, por Finley, de "sociedade escravista", centrada na noção de escravidão-mercadoria, esse fator é desconsiderado, visto que lhe importa ressaltar os seguintes componentes da escravidão: a posição do escravo como propriedade, a totalidade do poder sobre ele e a falta de laços de parentesco. Componentes estes que permitiam uma exploração econômica mais abrangente dos cativos (Finley, 1991, p. 79).

Contudo, em vez de se adotar tal conceituação muito cerrada da escravidão, como um "estado", talvez seja mais proveitoso entendê-la como uma instituição multifacetada, em que se combinavam elementos das ordenações econômica, estatal e social na delimitação das ações de escravos e libertos. É certo que os escravos estavam inseridos dentro de determinadas relações de produção e tinham sua condição social regulamentada juridicamente, mas ambos os aspectos devem ser complementados com o reconhecimento de que a população servil interagia com outros grupos sociais buscando afirmar seus interesses dentro dos limites possíveis, justamente determinados em grande parte pelas estruturas econômica e jurídica. Tal interação empreendida pelos elementos servis não podia deixar de interferir no comportamento dos homens livres, moldando suas visões de mundo e personalidades (Schiavone, 1999, p. 132). Reside aqui a principal característica de uma sociedade escravista, mas que só pode ser iluminada se considerarmos a escravidão como um processo, que abarca as etapas de escravização, escravidão e manumissão (Patterson, 1982), e que se prolonga mesmo após o ato formal da alforria, com limites e possibilidades de ação para os descendentes dos libertos.

Para uma ampliação do conceito de sociedade escravista

A definição de sociedade escravista encontra, atualmente, alguns obstáculos, referentes sobretudo a dois pontos: a quantificação do número de escravos na Itália e sua distribuição no setor produtivo.

Iniciemos pelo primeiro ponto. De acordo com Walter Scheidel (1999), desde o trabalho pioneiro de J. Beloch no final do século XIX (*Die Bevölkerung der griechisch-römischen Welt*, Leipzig, 1886) até hoje, há basicamente duas estimativas acerca da população escrava na Itália: para Beloch, de uma população total de seis milhões de pessoas, um terço, ou seja, dois milhões, era composto por escravos; P. A. Brunt (*Italian manpower 225B.C.-A.D. 14*, Oxford, 1971), por sua vez, afirma que, dentre 7,5 milhões, três milhões eram escravos. Todavia, ambos os autores partem de hipóteses não verificáveis, seja estabelecendo comparações com o total da população escrava do Sul dos Estados Unidos (Beloch), seja a partir de estimativas da taxa de crescimento da população de cidadãos da Itália (Brunt). Além disso, para que as cifras defendidas por Beloch e Brunt se mantivessem constantes, seria preciso que a população escrava tivesse um alto grau de crescimento vegetativo, o que é duvidoso devido à desigualdade numérica entre sexos, baixo índice de fertilidade e manumissão. Seja como for, tais números cristalizaram-se na historiografia, sendo aceitos como fatos, embora não tenham qualquer base confiável. Aliás, a própria documentação não nos auxilia nesse campo. Em primeiro lugar, porque as cifras mencionadas pelas fontes literárias latinas muitas vezes não remetem a números exatos, como é o caso dos números citados por autores gregos ou romanos a respeito dos escravos capturados em guerras durante a expansão de Roma pelo Mediterrâneo. Também a evidência epigráfica não contribui muito para sanar as dúvidas, pois não há como quantificar diretamente, em termos de participação na sociedade, os dados transmitidos pelas inscrições legadas por libertos.

Descartando, por sua vez, qualquer êxito em se estabelecer dados quantitativos confiáveis, Scheidel chega a propor uma abordagem qualitativa da questão, apoiada em estudos que sustentam que a estrutura genética da Itália permaneceu praticamente inalterada nos últimos 2.500 ou 3.000 anos, o que leva o autor a concluir que:

> Portanto parece legítimo considerar a possibilidade de que os escravos eram menos numerosos do que sempre se supôs. Se eram poucos em número, menores chances tinham de deixar sua marca nos registros genéticos. Ademais, uma população escrava relativamente pequena poderia ser mantida por baixos índices

de reprodução natural em conjunto com importações substanciais contínuas, e teria de fato desaparecido uma vez que tais importações cessassem [...]. Talvez o único fato seguro que a evidência genética permita deduzir é que as conquistas romanas e o subsequente desenvolvimento econômico não foram bem-sucedidos em fixar populações indígenas de regiões inteiras; se isto tivesse acontecido, um padrão genético pré-romano não teria sido preservado. (Scheidel, 1999, p. 140)[3]

Mas não é necessário ir tão longe, baseando-se em pesquisas que podem ser questionadas de um ponto de vista ideológico ao defenderem uma pretensa "pureza étnica" italiana (o que inclusive pode ser apropriado com fins racistas e xenófobos), para se afirmar a ideia de que não é o número de escravos que define uma sociedade escravista. Para não falar de que, se houve uma característica do Mediterrâneo na Antiguidade, foi o de ter sido um espaço de circulação de populações e consequentes contatos interétnicos (Braudel, 2001).

Já Finley (1991, caps. 2 e 4) rejeitava o que chamou de "jogo dos números",[4] postulando que a qualificação

---

[3] Em artigo mais recente, Scheidel (2005), tratando do período de 200 a.C. a 1 a.C., aventa a hipótese de que, à semelhança do Brasil, a população escrava da Itália antiga nunca excedeu a 1,5 milhão, e se manteve nesse nível por meio de um tráfico duas a três vezes superior, que permitia a possibilidade de altas taxas de manumissão, independente se de escravas ou escravos.

[4] A expressão remete à polêmica entre Robert Fogel – que escreveu, com Stanley Engerman, *Time on the cross* (1974), onde se propunham a provar a rentabilidade econômica da escravidão sulista por

de uma sociedade como escravista passa pela análise da localização dos escravos na sociedade, isto é, para quem trabalhavam e que papel exerciam na economia. Para Finley, a escravidão, tanto na Grécia como na Itália clássicas, foi a principal força de trabalho permanente, empregada em larga escala nas cidades e nos campos e, portanto, provendo a maior parte da renda das elites dessas sociedades. Três seriam os fatores que proporcionaram o surgimento de tais sociedades: a propriedade privada da terra e sua concentração em poucas mãos; o desenvolvimento dos bens de produção e a existência de um mercado para venda, e a inexistência de mão de obra interna disponível para compensar os limites da força de trabalho familiar. Um dos principais problemas desse modelo interpretativo reside nas suas generalizações, pois Finley não se detém em uma única sociedade escravista para explicar sua origem, desenvolvimento e declínio. Pelo contrário, ilustra a gênese com o exemplo de Atenas e o declínio com Roma, mas não como cidade-estado e sim já como um império, que, aliás, faz questão de sublinhar como não escravista em toda sua extensão geográfica e temporal. Tais saltos históricos comprometem sua análise e não permitem que se vislumbre a constituição da sociedade escravista romana, que acaba sendo tomada como um dado *a priori*.

Generalizações, ainda com o objetivo de explicar a predominância da escravidão na economia romana,

---

meio da cliometria – e Herbert Gutman, que publicou em 1975, *Slavery and the numbers game: a critique of* Time on the cross.

também caracterizam a historiografia marxista até a década de 1980 – em especial a italiana – e suas discussões em torno do "modo de produção escravista". Afirmava-se então que a colonização romana da Itália teria favorecido a formação de uma classe de terratenentes livres. A partir do século III a.C., com as guerras de conquista empreendidas por Roma, provocou-se uma expropriação desses contingentes, agora servindo nos exércitos, e sua substituição por propriedades fundadas no trabalho escravo, ele próprio fruto da expansão militar. A *villa* teria se tornado a unidade de exploração por excelência, com uma produção (de vinho e azeite) orientada para o mercado e empregando o uso intensivo de mão de obra escrava para tarefas especializadas. Contudo, não se trata de negar a existência desse quadro, mas sim de relativizar alguns de seus traços. Em primeiro lugar, é difícil comprovar que o sistema de exploração centrado nas *villae* tenha sido uma completa inovação, visto a provável persistência de formas pré-romanas de produção agrícola e de relações de trabalho. Por exemplo, a própria exportação de produtos italianos (sobretudo vinho) talvez já precedesse ao sistema de *villae*, sendo realizada a partir de unidades familiares de produção na Campânia e no Lácio. Quanto ao desempenho da economia romana durante os séculos III e I a.C., é difícil comprovar o peso que tiveram nele os escravos em comparação com outras modalidades de exploração do trabalho. Nos tratados dos agrônomos latinos – Catão, Varrão e Columella –, a mão de obra agrícola é mais frequentemente dividida de acordo com sua função e não tanto por seu estatuto jurídico. Há funções exercidas por homens livres e por escravos indistintamente, de modo que "para o proprietário não importava tanto que o trabalhador fosse livre ou escravo, mas que o trabalho fosse feito" (Dumont, 1999, p. 120). Assim, não há como discordar de D. W. Rathbone, quando afirma que "no contexto de todas as mudanças do final da República, ou os romanos subestimavam a importância do modo de produção escravista, ou nós a superestimamos. Penso que [essa última alternativa] é a mais plausível, e que foram os romanos que melhor a compreenderam: o modo de produção escravista foi um dentre vários outros fatores no desenvolvimento da Itália romana" (Rathbone, 1983, p. 166).

Se então nem no plano populacional nem naquele econômico é possível estabelecer satisfatoriamente a dominância da escravidão – o que não significa descartar o seu peso na economia itálica –, uma alternativa é explorar um campo ainda pouco tocado pela historiografia, e que ilumina uma peculiar característica da sociedade escravista romana. Refiro-me ao plano da cultura, entendida aqui não como o conjunto de atividades artísticas ou intelectuais de uma sociedade, mas como um sistema de significações envolvido em todas as formas de atividade social. Na Antiguidade romana, a escravidão ocupava um papel essencial em tal sistema, uma vez que era utilizada – especialmente na forma de metáfora – como um parâmetro para representar outras relações de poder nas esferas política e doméstica, ou seja, a relação senhor-escravo era utilizada para se pensar as relações sociais entre livres: entre imperador e aristocracia, entre homens e mulheres, entre pais e filhos etc. Assim, a escravidão atingia de forma majoritária a ideologia dos grupos sociais na Roma antiga que, inevitavelmente, interagiam cotidianamente com escravos e libertos.

Esse fenômeno explica porque, naquele mundo, todas as discussões sobre essa instituição, presentes na literatura de época republicana e imperial, tanto latina como grega, jamais visavam à realidade escravista em si. A escravidão era, sobretudo, discutida em sua aplicação metafórica nos campos da ética e da política, e quando tratava das relações escravistas concretas, o discurso tinha por objeto mais a posição sociopolítica da camada senhorial do que propriamente a dos referidos escravos ou libertos.

Portanto, à definição corrente de sociedade escravista que enfatiza seu papel econômico na manutenção de uma elite dominante, acrescentaríamos o fato da ubiquidade da escravidão no campo cultural, o que tornava possível a existência de um consenso social sobre a necessidade da instituição para a constituição da sociedade.

2

Escravidão e política entre a República e o Principado

Pelas características da documentação disponível, quando falarmos de camada senhorial estaremos nos referindo inevitavelmente à aristocracia. As fontes literárias centram-se quase que exclusivamente em Roma, ou seja, em uma cidade dentre as milhares do império, e foram compostas por sua elite política e senhorial. É certo que há testemunhos epigráficos de escravos e libertos, mas esses também apresentam um recorte muito específico diante da heterogeneidade das condições desses grupos: grande parte das inscrições remete a escravos ou libertos dos imperadores ou da aristocracia romana e provincial.

Ao se estudar essa aristocracia é preciso atentar para suas tensões internas, motivadas por disputas por prestígio e honra, e para o processo de constante agregação de novos membros à medida que Roma se expandia pela Península Itálica e pelo Mediterrâneo. É neste quadro cambiante que a escravidão se situa durante o período da República, a partir do século IV a.C., quando, no bojo dos conflitos sociais entre patriciado e plebeus, veio à tona a questão da escravidão por dívidas e sobretudo quando, com a expansão militar romana, entrou em cena a escravidão-mercadoria e sua manifestação mais extrema, as revoltas servis. Com a instauração do Principado, a nova configuração das relações políticas engendrada pela presença de um imperador também teve seus efeitos nas relações escravistas, seja no próprio Estado com a constituição da *familia Caesaris*, seja nas casas aristocráticas, pela redefinição dos papéis políticos das elites romana e provincial.

Concomitantemente a esse processo histórico, no campo cultural a escravidão afirma-se como um conceito central na representação das relações de subordinação e resistência ao avanço do poderio político-militar romano. Todavia, antes de adentrarmos nessa descrição, cabem algumas poucas palavras sobre o período arcaico de Roma, embora sobre este as fontes disponíveis não permitam uma análise detalhada da escravidão.

Os primórdios de Roma e a escravidão

Os latinos, povo que habitava a região do Lácio onde se situa Roma, compunham apenas um dos numerosos povos que ocupavam a Península Itálica. Atualmente, os arqueólogos concordam que uma etapa decisiva no desenvolvimento da Itália foi a transição de uma Idade do Bronze (segundo milênio a.C.) para uma Idade do Ferro (primeiro milênio a.C.). A natureza dessa transição, e suas etapas intermediárias, não são fáceis de caracterizar. Sabe-se que, nesse último período, desenvolveu-se particularmente no Lácio e na Etrúria uma cultura caracterizada pela prática da cremação, sendo comum o uso de urnas com o formato de cabanas para depositar os restos mortais. Outra característica dos latinos era a atividade pastoril. No início do verão os rebanhos eram conduzidos para pastos nas montanhas e no outono trazidos de volta para as planícies.

Essa atividade pastoril, que está na base das primeiras sociedades da Península Itálica, permanecerá ao longo da história romana como um importante aspecto da vida econômica, em conjunto, é claro, com a agricultura. A própria origem de Roma remonta a comunidades de pastores latinos que ocupavam as colinas ao longo do rio Tibre.

Por volta do ano 700 a.C., os latinos que habitavam a planície do Tibre entraram em contato com os etruscos, cujas caravanas comerciais, partindo das cidades da Etrúria central, voltavam-se para o Sul da Itália. O contato com este povo comerciante causou profundas alterações na estrutura social e econômica dos latinos. A principal delas foi a organização do espaço em moldes urbanos. Os etruscos realizaram obras de drenagem, possibilitando a ocupação das regiões pantanosas ao longo do Tibre e permitindo assim a construção de habitações que não nas colinas. A arqueologia registra esta mudança: entre 625 e 575 a.C. predominam casas de tijolos e telhas em substituição às cabanas de ramagens entrelaçadas. Por sua vez, o crescimento da cidade foi acompanhado por uma expansão demográfica e econômica. Entre os séculos VII e VI a.C., Roma tornou-se um centro de trocas comerciais e, principalmente, um pólo de concentração populacional. Os historiadores acreditam que a plebe romana tenha sua principal origem no constante afluxo de populações vizinhas em direção à cidade, o que levaria a conflitos sociais com as aristocracias latinas e etruscas aí estabelecidas.

Até a chegada dos etruscos, os primeiros reis eram latinos e a organização política centrava-se em duas assembleias: os comícios curiais e o Senado. Os comícios reuniam os guerreiros até a idade limite de 45 anos, os quais se pronunciavam sobre as questões relativas às famílias aristocráticas. Já o Senado era uma assembleia composta pelos mais idosos e sua função principal era escolher o rei. De 616 a 509 a.C., Roma teve à sua frente reis etruscos e, com eles, a aristocracia latina pastoril, os denominados patrícios, esteve continuamente em uma situação de queda de braço para garantir sua proeminência política e econômica. O primeiro rei etrusco, Tarquínio, o Antigo, para contrabalançar a influência dos patrícios no Senado, introduziu nessa assembleia representantes das emergentes camadas comerciais. Sérvio Túlio, que governou de 578 a 534, criou os comícios centuriais para integrar aquela camada da população que imigrou para Roma e estava excluída das assembleias políticas existentes.

As transformações ocorridas em Roma do século VIII a VI a.C., como a expansão econômica, o aumento populacional e os rudimentos de uma urbanização, se, por um lado, permitiram o crescimento da cidade, por outro, geraram conflitos sociais dentro da aristocracia e entre esta e a plebe, que iriam perdurar durante séculos. De fato, em 509 a.C., o último rei etrusco, Tarquínio, o Soberbo, foi expulso por um grupo de aristocratas. Iniciou-se a República e o Senado concentrou maior poder político.

É difícil traçar um quadro da escravidão no período da história de Roma descrito acima, pois as fontes de que dispomos são muito tardias, como Tito Lívio e Dionísio de Halicarnasso, que escreveram no final do século I a.C. Contudo, sustenta-se que a escravidão sempre esteve presente na história romana (provavelmente mais decorrente de dívidas do que da captura em guerras, embora esta sempre tenha sido uma fonte), complementando a mão de obra do camponês, formada por membros de sua família e por clientes. Com o fim da monarquia etrusca e o crescimento do território por meio de campanhas militares, teria se consolidado em algumas áreas da Itália uma forma de exploração do trabalho mais calcada na escravidão-mercadoria.

República: guerras, conquistas e rebeliões servis

Três foram os fatores que levaram à formação da *nobilitas* republicana. O primeiro – e principal – foi a conquista da Itália por Roma, com a consequente expansão territorial do domínio romano. Em segundo lugar, a crescente importância das magistraturas com *imperium*, assim como o processo de seleção de magistrados e comandantes militares. Por fim, o papel do Senado como centro institucional de todo esse cenário (Hölkeskamp, 1993).

O início do século V caracterizou-se por um decréscimo da produção agrícola e períodos de escassez de alimentos, agravados ainda pelas hostilidades de povos vizinhos a Roma. Ocorreu então uma onda de expansão visando à obtenção de terras, em que os exércitos romanos, compostos por cidadãos, deslocaram-se pela região do Lácio e além. Em 496 a.C., os romanos empreenderam campanhas militares contra os latinos, conseguindo impor, em 493 a.C., um tratado de aliança em que era reconhecida a direção de Roma. Em 406 a.C., os volscos foram vencidos e, entre 397 e 392 a.C., os équos. A invasão de Roma pelos gauleses em 390 a.C. não colocou em risco a nascente hegemonia romana. Entre 340 e 338 a.C., os romanos puseram fim a uma sublevação dos aliados latinos. No final do século III a.C., praticamente selou-se a conquista da Itália, com a anexação da Campânia, as guerras contra os samnitas e a guerra contra Pirro, rei do Epiro (288-272 a.C.), garantindo o controle do Sul da península.

Formou-se então, encabeçado por Roma, um complexo sistema de territórios com povos e cidades aliadas que deviam tributos e serviam nas legiões. Por meio de uma política de não-intervenção direta e que permitia relativa autonomia local, Roma construiu sua base de poder e centralizou recursos financeiros e militares.

Esse desenvolvimento acabou por reforçar o lado militar do poder – *imperium* – dos magistrados romanos, poder este que já diferenciava seus detentores no quadro político de Roma. O magistrado que dispunha do *imperium* podia convocar e presidir as assembleias, propor leis e apresentar candidatos para eleição. Inicialmente, apenas os patrícios, aristocracia fechada e hereditária que deitava suas raízes no período monárquico de Roma, detinham tais magistraturas. Os plebeus, por sua vez, nunca questionaram a legitimidade do *imperium*, mas aspiravam a partilhá-lo, e lutaram, para tanto, de 400 a 340 a.C., aproximadamente. Assim, ao lado de vitórias militares, a disputa por altos cargos passou a canalizar as ambições das aristocracias patrícia e plebeia. A partir de 342 a.C., teve lugar uma série de regras para controlar a competição por cargos dentro da aristocracia e gerar consensos. Prefigurava-se assim uma ideologia que iria perdurar até o final da República: a guerra e a política como apanágio da *nobilitas*. A ereção de estátuas de cônsules e chefes militares, assim como uma maior sofisticação dos procedimentos dos triunfos militares na cidade de Roma e das pompas fúnebres de nobres, foram alguns dos reflexos dessa ideologia. Ademais, o Senado passou a compor a espinha dorsal deste sistema político-ideológico. Foi nele que se concentrou o poder decisório sobre os critérios de atribuição e rotatividade dos cargos, bem como a prorrogação extraordinária dos períodos das magistraturas.

Contudo, a legitimação desse status da aristocracia também provinha de sua capacidade de manter uma relação de reciprocidade com os demais cidadãos romanos, que tomavam parte não apenas no exército, mas também na vida política da *urbs*. As instituições que mediavam a participação política dos cidadãos na Roma republicana tomaram predominantemente a forma de assembleias (*comitia*). A assembleia é uma instituição típica das cidades-estado antigas e, em Roma, destacaram-se três modalidades, segundo o modo de divisão dos cidadãos: a assembleia por centúrias, por tribos e os concílios da plebe (Gaudemet, 1967, p. 313-326).

A assembleia por centúrias votava declarações de guerra ou tratados de paz e também elegia as magistraturas mais elevadas (cônsules, pretores e tribunos militares). Essa assembleia tinha uma forte conotação militar: os cidadãos eram convocados ao som de cornetas e compareciam ao Campo de Marte portando armas. A assembleia dividia-se em cinco classes censitárias. A primeira classe reunia os cidadãos que tinham uma fortuna superior a 125 mil asses. Ela compreendia oitenta centúrias (quarenta de *iuniores* [jovens], de 18 a 46 anos, e quarenta de *seniores*). A segunda classe (75 mil asses), a terceira (50 mil asses), a quarta (25 mil asses) tinham cada uma 20 centúrias (dez de *iuniores* e dez de *seniores*). A quinta classe (11 mil asses) tinha trinta centúrias. Havia ainda dezoito centúrias de cavaleiros e cinco centúrias fora das classes: duas de artesãos em madeira (*lignarii*) e em metal (*aerarii*); duas de músicos, tocadores de corneta (*cornicines*) ou de flauta (*tubicines*); e uma quinta que englobava os mais pobres, que, por não terem fortuna, eram contados apenas por cabeça (*capite censi*). O voto em cada centúria era por indivíduo, sendo que a maioria dos sufrágios no interior de uma centúria constituía o voto desta centúria. A decisão da assembleia era aquela expressa pela maioria dos votos por centúria. Para um total de 193 centúrias, era preciso uma maioria de 97.

Já nas assembleias por tribos os cidadãos eram classificados e distribuídos em tribos de acordo com sua origem ou local de residência. Em 241 a.C., das 35 tribos, apenas quatro eram urbanas e a distribuição dos cidadãos nas tribos dependia dos censores e do Senado. Competia a essas assembleias a eleição das magistraturas inferiores. Por sua vez, na assembleia da plebe (*concilium plebis*) votavam-se leis relativas à plebe, os plebiscitos, e se elegiam tribunos e edis.

Essa participação popular era um componente necessário para o funcionamento da *res publica* e, portanto, para a permanência da aristocracia em seus cargos. As guerras de conquista permitiram reforçar esta integração com o *populus* uma vez que colocou à disposição o principal meio de produção na Antiguidade: terra. A distribuição de lotes aos cidadãos diminuiu as tensões sociais e favoreceu um consenso acerca da legitimidade da ideologia aristocrática que combinava guerra e política.

Consenso, no entanto, não significa a inexistência de quaisquer conflitos. Por exemplo, entre 486 e 367 a.C., tem-se notícias de 22 propostas de leis agrárias, visando a organizar a distribuição de terras aos cidadãos. A escravidão por dívidas (*nexum*) era um problema constante e o crescente afluxo de escravos para a Itália, fruto da guerra, começava a mudar a paisagem agrária e a interferir na própria ideologia política romana.

Prevista pela Lei das Doze Tábuas, a escravidão por dívidas – em que o camponês submetia-se a trabalhar para um proprietário de terras até saldar suas dívidas, e caso não conseguisse podia até ser vendido como escravo – foi abolida em 326 a.C. pela *lex Poetelia Papiria*. Embora os detalhes de tal lei sejam obscuros e controversos, importa notar que seu objetivo primordial foi pôr fim a uma situação que instituía no corpo dos cidadãos relações de poder e propriedade de cunho escravista. Assim, lemos no relato de Tito Lívio (VIII, 28) que "a liberdade da plebe romana teve, como era antes, um novo início, pois os homens deixaram de ser presos por dívidas". Logo, impõe-se que a ideia de liberdade, naquele período da história romana, referia-se muito mais a uma liberdade perdida, do que propriamente a uma oposição com a escravidão-mercadoria, que então iniciava sua penetração no tecido econômico e social de Roma. Esta última forma de exploração do trabalho acentuou-se entre os séculos III e I a.C., caracterizado pela apropriação do *ager publicus* (terra pública) por grandes proprietários em detrimento do campesinato-cidadão, cada vez mais empenhado nas lides bélicas.

Com a progressiva anexação de territórios ocorreu um espraiamento da escravidão como instituição social e econômica para as regiões que adentravam domínio romano e a disseminação da posse de escravos para grupos sociais diversos, para além da elite itálica e provincial. O fornecimento de escravos era mantido por um tráfico já bem estabelecido na bacia do Mediterrâneo, partindo principalmente da Ásia Menor e do Mar Negro, incluindo a região ao longo do Danúbio, e também da África. Ainda que o escravo fosse uma mercadoria dentre outras transportadas por essas rotas, o registro literário e epigráfico da figura social do mercador de escravo (Latim, *mango, venalicius/venaliciarius*; Grego, *andrapodokapêlos, sômatemporos*), em geral cidadãos romanos, revela um ramo específico da atividade comercial devotado à escravidão (Harris, 1980) e se registram algumas cidades como pólos de comércio de escravos na Itália, ilhas do Mar Egeu e na Ásia Menor (Thompson, 2003, p. 42-3). Além da ação militar, outras fontes comuns de escravos eram o nascimento, a venda ou exposição de crianças, e a escravização de indivíduos vulneráveis a sequestros, como no caso da pirataria.

Em síntese, as guerras do período republicano colocaram à disposição grande quantidade de cativos, mas o recurso à escravidão consolidou-se porque já havia uma demanda por mão de obra para as grandes propriedades agrícolas que não era mais suprida pela população livre cidadã. É o que indica, por exemplo, um texto de Apiano, no qual o recurso a escravos aparece como alternativa à falta de cultivadores livres para trabalho permanente nas propriedades agrícolas:

> Os ricos, apoderando-se da maior parte das terras não distribuídas, e sentindo-se encorajados, pelo lapso de tempo, de que nunca seriam despejados, absorveram todas as faixas de terra adjacentes e os lotes de seus vizinhos pobres, parte por compra sob compulsão, parte

> pela força, e assim passaram a ocupar vastos territórios e não mais propriedades singulares, empregando escravos como agricultores e pastores, com receio de que os trabalhadores livres fossem retirados das atividades agrícolas pelo exército. Ao mesmo tempo, a propriedade de escravos trouxe-lhes elevados ganhos pela multiplicação de seus filhos, que cresceram porque estavam isentos do serviço militar; assim alguns homens poderosos se tornaram extremamente ricos e a raça dos escravos multiplicou-se nos campos, enquanto o povo itálico diminuiu em número e força, oprimido pela miséria, pelas taxas e pelo serviço militar. (*Guerras Civis*, I, 1, 7)

Outro desdobramento desse processo de utilização de mão de obra escrava em larga escala foi a eclosão de rebeliões servis. Esses acontecimentos levaram alguns autores a discutirem a escravidão em conjunto com a questão da subjugação política de povos hostis a Roma. É o que demonstram as obras de Cícero, de Diodoro da Sicília e de Dionísio de Halicarnasso, que se debruçaram sobre a instituição servil ainda sob o impacto das grandes revoltas de escravos que ocorreram na Sicília, de 136 a 132, e de 104 a 101 a.C., e da revolta de Espártaco, no Sul da Itália, de 73 a 71 a.C. (Shaw, 2001; Urbainczyk, 2008).

Esses três movimentos representaram a manifestação mais violenta das consequências do militarismo romano na República e que estava na base da ideologia da *nobilitas*, e por esse motivo tais revoltas acabaram por levar a algumas reformulações na forma de pensar das elites políticas de Roma e daqueles intelectuais que com ela conviviam. Mas vejamos inicialmente em seus traços gerais essas rebeliões servis, que, embora não tenham mais se repetido no mundo romano, marcaram indelevelmente a sua memória.

Na primeira revolta siciliana, os escravos rebelados, dentre eles muitos pastores, tomaram a cidade de Ena e proclamaram como seu rei um sírio de nome Euno. A este grupo juntou-se depois outro liderado pelo escravo Cleon, da Cilícia. Após uma longa guerra, as tropas romanas conseguiram debelar o movimento. O segundo levante servil na Sicília decorreu da recusa dos proprietários de escravos de obedecerem a uma resolução do Senado, que ordenava que os indivíduos de cidades aliadas de Roma que tivessem sido reduzidos à escravidão fossem libertados. Assim como na primeira revolta, formaram-se dois grupos de rebeldes, liderados pelo sírio Sálvio e pelo cilício Ateniāo, ambos derrotados por Roma. A última revolta de escravos ocorreu em solo italiano e, portanto, teve maior repercussão em Roma. Em 73 a.C., gladiadores instalados em Cápua sublevaram-se e, comandados pelo trácio Espártaco, infligiram graves derrotas às tropas romanas, sendo ao final suprimidos por Crasso. Como castigo exemplar, cerca de seis mil corpos foram crucificados ao longo da Via Ápia. Todos esses movimentos caracterizaram-se pela formação de comunidades que continuamente se mantinham em estado de guerrilha com as forças militares romanas, recebendo contingentes de escravos fugitivos das regiões circunvizinhas (fenômeno semelhante ao ocorrido no Novo

Mundo sob o nome de *marronage* no Caribe francês, ou quilombolismo, no caso brasileiro) (BRADLEY, 1988).

Ademais, se o grosso dessas rebeliões era formado por escravos, também houve a participação de camponeses pobres, e iniciaram-se com escravos cuja vigilância era difícil – como os pastores – e que podiam ter acesso a armas, como os gladiadores. Por fim, os revoltosos não pretendiam de modo algum abolir a escravidão, mas apenas alterar suas condições individuais. Mas o que chamou a atenção dos autores latinos e gregos em tais revoltas não foi a sorte dos escravos diante das duras condições de vida nas grandes propriedades sicilianas ou da própria morte nos espetáculos de gladiadores. Interessava-lhes discutir os dilemas colocados pela equação entre guerras e conquistas e decorrentes formas de dominação. Uma reflexão, enfim, que versava mais sobre a posição sociopolítica da elite romana diante do império que se constituía.

É nesse sentido que a escravidão aparece na obra de Cícero (106-43 a.C.), elaborada ao longo do século I a.C. *Libertas* e *servitus* são definidas por oposição, comportando três significados básicos: condição livre ou servil, posse ou privação de direitos políticos, virtude ou degenerescência moral. Em todos esses pares dicotômicos está subjacente uma mesma ideia: a liberdade daquele que não foi reduzido a uma escravidão legal encontra sua garantia na participação em uma comunidade cívica; por sua vez, a escravidão moral é "a obediência de uma alma derrotada e rebaixada, privada de seu livre-arbítrio"

(*Paradoxa Stoicorum*, 5, 35), ficando portanto justificada a escravização real do indivíduo em tal estado. Cícero considerava assim como única fonte de escravidão a guerra e equiparava o vencido em combate a um escravo, mas também transpunha tal conteúdo para o plano moral, que assume preponderância na definição de quem é livre ou escravo. É verdadeiramente livre aquele que resiste à força aderindo ao uso da razão, e escravo aquele que cede diante dessa violência ou da força das paixões. Em outras palavras, a escravidão é pior do que a morte.

Situando-se essas reflexões de Cícero como desdobramentos do quadro histórico que se processava na Península Itálica desde o século II a.C., com as conquistas romanas, o afluxo de escravos e as revoltas servis, compreende-se porque justificar a escravidão significava necessariamente justificar o imperialismo romano e o papel de liderança que nele tinha a aristocracia. Na visão do filósofo, Roma empreendia guerras justas para defender a si e a seus aliados. Todos aqueles que pertencessem a cidades hostis eram moralmente indignos (*improbi*), agiam injustamente e logo eram passíveis de serem derrotados e escravizados. Vê-se que a teoria ciceroniana da escravidão combina dois componentes da ideologia da *nobilitas*, a comunidade cívica e a guerra.

No entanto, se, por um lado, a escravidão é uma punição justa àqueles que colocam em risco a cidade, também é um estágio temporário para que os vencidos possam inserir-se na comunidade dos vencedores, moralmente superior. Diz Cícero que a liberdade é a recompensa daqueles prisioneiros de guerra que se mostraram honestos e diligentes. Ora, remete-se aqui à identidade entre *libertas* e *civitas* que a manumissão do escravo podia operar na Roma antiga.

Enfim, a escravidão transparece no pensamento ciceroniano como uma questão política, pois decorre de um processo de expansão territorial e cooptação de novos elementos para a comunidade romana. A ruptura com a teoria aristotélica é clara e destaca ainda mais a particularidade da escravidão romana face à sua correspondente grega. Para Aristóteles, na *Política*, a escravidão é uma instituição fundamentalmente doméstica, fora dos limites da *polis*. A relação senhor-escravo é uma comunidade entre um que comanda por natureza e outro que, pelo mesmo princípio, é comandado, e cuja finalidade é a sobrevivência. Embora Cícero mantenha a ideia aristotélica – e platônica – do escravo como incapaz de governar a si próprio, não é mais um princípio ontológico que justifica a escravização. O paradigma naturalista é rejeitado, assim como não goza de importância a organização social que lhe sustenta, o *oikos*. Não é a questão do trabalho, ou seja, a utilização da mão de obra escrava, seja nas *domus*, seja nos campos ou noutros espaços quaisquer, que Cícero tem em mente ao tratar da escravidão, mas tão-somente a da expansão e reprodução do corpo social político.

Obviamente que essa ideologia não era exclusiva de Cícero, sendo compartilhada por outros segmentos da aristocracia, assim como podia despertar reações adversas. O primeiro caso é ilustrado pela obra de um autor de língua grega, Dionísio de Halicarnasso, em que comenta a prática romana da manumissão; o segundo caso pelo relato de Diodoro da Sicília, apoiado em Posidônio, acerca das revoltas servis sicilianas.

Dionísio de Halicarnasso (c. 60 a.C. – depois de 8 a.C.), orador e historiador, atuou em Roma entre 30 e 8 a.C. e escreveu uma história de Roma, da fundação da cidade à primeira guerra púnica (*Antiguidades Romanas*, em vinte livros). Nessa obra apresenta de uma forma positiva os efeitos políticos da manumissão em Roma por meio da transcrição de argumentos que atribui ao rei Sérvio Túlio, mas que de fato remetem ao tempo das guerras civis do final da República (cf. Wiedemann, 1997, p. 70). De acordo com Dionísio, contra os patrícios que se opunham à inclusão dos libertos nas quatro tribos urbanas, Sérvio Túlio responde que se isso fosse permitido "não só os senhores teriam mais cuidado em não manumitir de forma aleatória seus escravos, com medo de conceder o maior dos bens humanos indiscriminadamente, mas também os escravos seriam mais zelosos de servirem fielmente a seus senhores ao saberem que se forem dignos da liberdade tornar-se-iam cidadãos da maior e mais florescente cidade". Além disso, havia "a vantagem que resultaria dessa política, [pois] a uma cidade que almejava a supremacia e achava-se capaz de grandes feitos, nada era mais necessário do que uma grande população, para que todas as suas guerras pudessem ser empreendidas com suas próprias forças, não desgastando a si e às suas riquezas com mercenários" (IV, 23, 3-4).

Esta visão favorável à manumissão não é compartilhada por outras fontes. Tito Lívio (I, 40-48) quando se refere a Sérvio Túlio, nada menciona sobre a questão. Apiano, por sua vez, apresenta uma visão oposta à de Dionísio: a libertação de escravos é representada como uma das causas da decadência de Roma, pois os libertos, ao adquirirem direitos de cidadãos, contribuíram para conspurcar o corpo cívico (*Guerras Civis*, 2, 17, 120). Pelo contrário, Dionísio defende que é justamente a sua capacidade de absorver elementos externos que confere força a Roma. Daí sua concepção de escravidão não como algo natural, como para Aristóteles, mas como obra do acaso e, portanto, sem implicar qualquer diferenciação entre os seres humanos, um tema que o pensamento estoico iria explorar bastante durante o Principado.

No entanto, assim como para Cícero, a escravidão em si não constituía o problema central para o historiador grego. O tema que de fato o afligia era o declínio demográfico das cidades gregas e as consequências políticas que isso acarretava (Briquel, 2000). O historiador critica a concepção estreita de cidadania em cidades como Esparta, Atenas ou Tebas, o que a longo prazo compromete suas hegemonias por gerar uma carência de soldados. Roma, pelo contrário, por uma política deliberada, seguiu um caminho diverso, justamente pela prática de renovação do corpo de cidadãos e consequente manutenção de um exército próprio (II, 17, 1).

A ótica positiva pela qual Dionísio enxergava a escravidão romana e seus benefícios públicos devido à manumissão liga-o a Cícero e, por extensão, a uma parte da aristocracia que se servia de tal ideologia para justificar a expansão militar. É difícil precisar a posição socioeconômica de seus componentes, mas outro texto, também de um autor grego, ajuda-nos a delinear uma ideologia que apresenta alguns pontos de contraste com a precedente. Trata-se de Diodoro da Sicília, que compôs, entre 60 e 30 a.C., uma história universal que cobria até a conquista da Gália por César (54 a.C). Essa obra contém o principal relato de que dispomos sobre as revoltas servis na Sicília, ainda mais relevante porque teve como fonte a obra de Posidônio (135-51 a.C.), hoje perdida. Posidônio, natural de Apameia, na Síria, foi discípulo do filósofo Panécio de Rodes em Atenas e, tendo aí adquirido cidadania, atuou como magistrado e embaixador. Viajou pelo Mediterrâneo, passando pela Gália, Espanha, norte da África e Sicília. Entre 87 e 86 a.C. foi como embaixador a Roma e conheceu Mário, Pompeu e Cícero. O conhecimento que Posidônio tinha da política romana em grande parte derivava dos contatos que estabeleceu com membros da aristocracia, conhecimento este que lhe serviu de apoio quando da redação de suas *Histórias*, que continuava aquela de Políbio, começando com o ano de 145 a.C., e provavelmente contendo 52 livros.

A escravidão surge no pensamento de Posidônio – como preservado em Diodoro da Sicília – como mote para uma discussão sobre o poder político e militar de Roma. Referindo-se à primeira rebelião servil siciliana, comenta:

> Não apenas no exercício do poder político devem os homens proeminentes serem condescendentes com os de condição inferior, mas também na vida privada eles devem, se forem sensíveis, tratar seus escravos de maneira suave. Pois uma arrogância sem freio leva as cidades a conflitos internos e divisão entre os cidadãos, e nas casas abre caminho para conspirações de escravos contra seus senhores e para levantes terríveis contra toda a cidade. Quanto mais o poder volta-se para a crueldade e arbitrariedade, mais o caráter daqueles sujeitos a tal poder fica brutalizado ao ponto de desespero. Qualquer um que a fortuna tenha colocado numa posição inferior, voluntariamente cede a seus superiores se tratado com humanidade (*philanthropia*) e consideração, mas se for privado disto, passa a ver aqueles que o tratam de forma dura com grande inimizade. (34/35, 2, 33)

Em suma, a essência do poder político e do poder doméstico deve ser a mesma: humanidade (*philanthropia*; Latim, *humanitas*). Não há qualquer menção à tese da escravidão natural e Posidônio combate frontalmente a ideia de que os escravos são dispostos à violência. São os maus-tratos que geram revoltas e insubordinação, colocando em risco a ordem social. Também a doutrina ciceroniana que vê o cativo de guerra como justamente escravizado não encontra respaldo, o que por si só já indica uma diferente posição de parte da aristocracia frente ao imperialismo de Roma.

Todavia, não se deve tomar essa ideologia que assimilava escravidão e integração social do liberto como uma representação desvinculada de qualquer realidade social. Naturalmente que, nos termos em que se colocava, tinha antes objetivos de persuasão do que de formulação de políticas públicas concretas. Mas o dado que lhe estava subjacente era o de que, em Roma, o escravo de um cidadão, se manumitido formalmente, tornava-se também um cidadão. Descartar essa questão contribui para reforçar uma visão elitista da República romana, como se apenas a aristocracia gozasse de fato de direitos políticos e o povo tivesse uma atuação passiva. A mesma observação vale para o Principado, em que pese a supressão de parte dos instrumentos de atuação política do *populus* e da *nobilitas*.

Principado: o imperador, a aristocracia e a escravidão

No período final da República, o aumento do poder do exército, sobretudo de seus chefes, e a crescente desigualdade na distribuição dos benefícios oriundos das conquistas, aumentando os conflitos sociais, levou à eclosão de guerras civis que marcaram o fim do regime republicano. Contudo, o Principado, se começou sob a égide das armas, não se manteve exclusivamente por elas. Otávio, o primeiro imperador, tomando o nome de Augusto, estava amparado por uma parcela significativa da aristocracia romana e da emergente aristocracia das províncias. Os estudos modernos, em suas interpretações da natureza do Principado, debatem sobre os limites da conciliação do poder pessoal do imperador com as instituições políticas republicanas remanescentes (Winterling, 2001, p. 95-99). Alguns até chegam a afirmar que o regime imperial decretou a morte da política (Finley, 1996). No entanto, se é certo que o imperador passou a deter um poder político consideravelmente maior do que o do Senado, isto não implicou que tal poder fosse arbitrário e sufocasse a manifestação política deste órgão ou da plebe de Roma. O próprio Senado era um parceiro importante do imperador, seja pelo seu papel institucional, seja pela função de seus membros como indivíduos (Millar, 1981, p. 21 e ss.). No primeiro caso, deve-se realçar que o Senado reconhecia oficialmente o imperador que ascendia ao poder e quando a transição entre reinados acontecia de forma pacífica o Senado votava a divinização do imperador precedente. O Senado reunia-se geralmente duas vezes por mês ou quando era convocado pelos cônsules, pretores, tribunos ou pelo próprio imperador. Nessas sessões propunham-se medidas legislativas de temas diversos, inclusive relativos à escravidão. A única função que o Senado ganhou no Principado, e que não tinha na República, foi a competência em jurisdição criminal, como julgar governadores provinciais acusados de enriquecimento ilegal, e crimes de lesa-majestade ou traição.

Do ponto de vista individual, os senadores continuaram a deter prestígio pelo fato de pertencerem a famílias de posses que remontavam ao período republicano. A *nobilitas* imperial era basicamente um corpo hereditário, agora suplementado pelo patronato do imperador. Após Augusto, o acesso às magistraturas civis e militares passou, em grande parte, a depender de uma rede de relações particulares de amizade, clientelismo e patronato que se estendia do imperador ao conjunto da população, passando pelos membros da corte imperial, pelos senadores, pela ordem equestre e pelas elites provinciais. Desde o primeiro século da era cristã, o Senado passou a abranger indivíduos provenientes das províncias, começando pela Gália e Espanha e depois se estendendo pelo Oriente grego e pelo norte da África, até atingir no século II a região do Danúbio. Senadores e cavaleiros também continuaram a exercer funções militares, ainda que sua liberdade de decisão tenha sido restringida pelo imperador, que ainda passou a monopolizar as formas mais representativas de expressão da glória militar, como o triunfo.

Os cidadãos em Roma, embora tenham perdido suas funções constitucionais – as magistraturas senatoriais passaram a ser preenchidas por arranjos internos ao Senado e com a intervenção do imperador –, podiam pressionar o Senado e o próprio imperador em outras instâncias, como no circo ou no anfiteatro, quando demonstravam sua insatisfação, por exemplo, com relação a taxas ou ao preço do trigo.

Traçado esse quadro geral, dois episódios mencionados pelo historiador Tácito permitem-nos ilustrar a questão da competência do Senado no tratamento da escravidão, ambos situados no principado de Nero (54-68 d.C.), um período particularmente rico para se estudar a relação entre escravidão e política no período imperial. Iniciemos com o debate ocorrido em 56 d.C., no conselho do imperador Nero, a respeito de uma decisão do Senado de conceder aos patronos o direito de revogar a liberdade dos libertos (*Anais*, XIII, 26-27). Segundo Tácito, tendo os senadores concordado com a proposta de revogação de liberdade, os cônsules não ousaram iniciar a votação e remeteram a decisão do Senado ao imperador. Seu conselho privado dividiu-se quanto à proposta. Um grupo defendeu a medida, argumentando que apenas o medo de punição levaria os libertos a obedecerem a seus patronos. Mas outros discordaram nos seguintes termos:

> Outros diziam em contrário: que a culpa de poucos devia ser-lhes pessoalmente danosa, mas sem retirar os direitos do conjunto. Pois este corpo era já muito numeroso. Dele provinha a maior parte das tribos, das decúrias, dos auxiliares de magistrados e sacerdotes e dos soldados alistados nas coortes urbanas. E grande parte dos cavaleiros e muitos senadores não tinha outra origem. Caso se separassem os filhos de libertos, o pequeno número dos homens nascidos livres seria evidente. Não fora em vão que os antigos, quando estabeleceram a divisão das ordens, consideraram a liberdade como bem comum. E tinham estabelecido dois meios de a conferir, a fim de dar tempo ao arrependimento ou a um novo benefício. Todos aqueles a quem o patrono não tivesse conferido liberdade com as formalidades legais (*vindicta*) eram mantidos sob um certo vínculo de escravidão. Antes de se conceder a liberdade era necessário

examinar os méritos com vagar, mas não revogar o que fora concedido. (*Anais*, XIII, 27)

Essa última posição prevaleceu, e Nero ordenou que nenhuma lei geral fosse decretada e que cada caso fosse julgado em particular. Como o leitor pode observar, a escravidão é aqui apresentada como uma instituição não estritamente doméstica, mas política, como o era também no caso de Cícero e dos historiadores gregos já considerados. Mas há diferenças substanciais no tratamento da questão e que apenas se explicam tendo em vista o novo contexto político, como testemunhado por Tácito. Permanece a relação entre manumissão e renovação do corpo cidadão, mas agora se sugere a existência de uma elite com raízes servis ("E grande parte dos cavaleiros e muitos senadores não tinham outra origem"). A crítica moderna tende a interpretar essa passagem como um exagero da parte de Tácito. Contudo, sabe-se que os descendentes de libertos não eram barrados do acesso a magistraturas, a despeito das dificuldades que tinham de enfrentar, como, por exemplo, os direitos dos patronos à herança dos libertos, o que podia afetar a transmissão de propriedade para seus descendentes.

Se não é possível comprovar a asserção de Tácito para o caso de Roma, pode-se ao menos apontar como os libertos tiveram um papel na renovação da elite no Império, tomando-se o exemplo de cidades como Óstia, Puteoli e Pompeia (Barja de Quiroga, 1995). Para essas cidades, a análise epigráfica permite vislumbrar um processo lento, mas seguro, pelo qual uma pequena oligarquia de famílias foi sendo substituída por uma mais heterogênea, em grande parte composta por descendentes de libertos. Isto porque os *ordines decurionum* – cujos membros exerciam as magistraturas municipais – não podiam ser preenchidos apenas pelas famílias de maior prestígio social e econômico, uma vez que os indivíduos que os compunham acabavam por ascender a postos mais elevados na carreira equestre – para não mencionar o problema, nada desprezível, da própria reprodução demográfica – deixando atrás de si um vácuo, que era então suprido por elementos com um passado servil ou mesmo da plebe ingênua, que tivessem meios financeiros para tanto. Ademais, um dado relevante que esse processo indica é o de que tal mobilidade, no caso dos descendentes de libertos, não estava necessariamente condicionada ao apoio dos antigos patronos, como a historiografia insiste em realçar. Voltando ao texto de Tácito, talvez se explique assim a posição daquela parte do Senado interessada em promulgar uma lei que permitisse a revogação da liberdade dos libertos, e também a argumentação da parte contrária, que redireciona o foco para os descendentes de libertos. Trata-se, em última instância, de uma discussão acerca dos limites da extensão das relações escravistas na sociedade. Se para o liberto a ruptura era mais difícil, para seus descendentes nem tanto.

Pelo mesmo motivo, quando a questão em pauta era a relação senhor-escravo, a tendência da camada senhorial era apegar-se ao princípio de seu reforço incondicional, como estratégia de afirmação de sua posição sociopolítica. É nesse contexto que entra o segundo episódio que gostaríamos de comentar: o assassinato de Pedânio Secundo, prefeito da cidade de Roma, por um de seus escravos, em 61 d.C. (*Anais*, XIV, 42-45), como relatado por Tácito.

O cenário é o seguinte: talvez por ter sua liberdade negada, após um preço já combinado, ou talvez por uma disputa amorosa com o próprio senhor, o escravo matou Pedânio em sua casa, onde habitavam nada menos do que quatrocentos escravos. Diante de tal fato, criou-se uma turbulência no Senado, pois, a seguir-se um decreto senatorial que remontava à época de Augusto, todos os escravos da casa deviam pagar com a vida o crime cometido por um deles. Até mesmo a plebe de Roma revoltou-se contra essa possibilidade e foi contida apenas à força de armas. Tácito não dá palavra àqueles que se colocaram contra a proposta, mas somente a um senador, Caio Cássio, que defendeu seu cumprimento.

Tácito detém-se na descrição desse acontecimento com peculiar interesse e cuidado. Cuidado estilístico e literário, antes de tudo, pois o descreve de forma a fazer com que seus leitores comparassem o discurso de Cássio com aquele que Salústio atribui a Catão no Senado, ao defender a pena de morte para os que participaram da conspiração de Catilina em 63 a.C. (cf. Ginsburg, 1993). Ou seja, compara implicitamente uma conspiração política com um atentado doméstico.

No entanto, a preocupação maior do historiador é sublinhar que o ato do escravo teve consequências políticas, pois significou, por um lado, a negação da importância da posição de Pedânio Secundo como prefeito de Roma e senador e, por outro, a promoção de um estado de instabilidade nas relações escravistas, caso seu exemplo ficasse sem punição. Vejamos esses pontos no texto de Tácito:

> Um varão consular é morto em sua casa por um escravo: não houve quem denunciasse ou impedisse a perpetração do crime, sabido, como é, que por um *senatus consultum* é cominado o suplício a toda a família. Se decretardes a impunidade, quem se julgará defendido por sua própria dignidade, quando esta não valeu ao prefeito de Roma? Que número de escravos será suficiente se quatrocentos não bastaram para proteger a vida de Pedânio Secundo? [...] Muitos indícios antecedem aos crimes. Caso os escravos denunciem, podemos ser poucos dentre muitos, todos eles estando inquietos; enfim, se tivermos que perder a vida, os culpados não ficarão impunes. Nossos antepassados não confiavam na lealdade dos escravos, ainda mesmo dos nascidos em suas propriedades e em suas casas, criados no afeto dos senhores. Hoje que temos em nossas famílias servis pessoas de nações diversas, de vários ritos, de religiões diferentes ou de nenhuma, só o medo pode ser coerção para esse entulho. Objetar-se-á que muitos morrerão inocentes. Sim, mas quando se dizima um exército e cada décimo soldado é castigado, a sorte cai também sobre os valorosos. Todos os grandes exemplos trazem consigo alguma iniquidade contra indivíduos, porém esta redunda em utilidade pública. (*Anais*, XIV, 44)

Essencial aqui é o recurso ao princípio da "utilidade pública" (*utilitas publica*), isto é, o de que o interesse público – a preservação do Estado – deve preceder os interesses dos particulares (*utilitas singulorum*), ideia que, aliás, remete precisamente a um dos princípios programáticos do Principado, pelo qual o imperador deve fazer com que o interesse público sobreponha-se aos interesses individuais (cf. BELLEN, 1982, p. 454-455). Mas tal termo tem um significado bastante restrito no discurso de Cássio: predomina o uso da primeira pessoa do plural, ou seja, público aqui se identifica com uma parte do Senado que Cássio representa. Em suma, toda a sua argumentação é uma defesa da posição sociopolítica de um grupo, que não admite negociar o poder senhorial que detém. No plano ideológico, procura justificar sua conduta apelando ao *mos maiorum*, o costume dos antepassados, descartando assim qualquer compromisso com forças sociais antagônicas, seja dentro do próprio Senado, seja com a plebe de Roma.

Como agiu o imperador nesse episódio? Se, por um lado, aceitou a proposta de punição dos escravos e convocou tropas para controlar as manifestações da plebe, por outro, também interferiu na contenda entre os senadores. Quando um senador defendeu ainda que se incluíssem na sentença os libertos de Pedânio, Nero mostrou-se contrário, afirmando que – palavras de Tácito – "um costume antigo (*mos antiquus*) que não foi abrandado pela misericórdia, não poderia ser agravado pela severidade" (*Anais*, XIV, 45). Enfim, recorrendo ao mesmo argumento do senador Cássio – o respeito à tradição – o imperador finalizou a questão.

O episódio acima ilustra bem como é equivocado entender a política no Principado em termos dicotômicos, ou seja, apenas enfatizando-se o poder pessoal do imperador ou a perda de poder efetivo do Senado. Pelo contrário, não se pode negar que ambos os pólos se inter-relacionavam num jogo político para estabelecer consensos. Conclusão mais relevante ainda por derivar de uma análise de um evento que transcorreu sob o governo de Nero, geralmente considerado como exemplo de tirano no imaginário ocidental, imagem esta que muitas vezes decorre de uma leitura superficial da documentação.

Outra importante conexão entre escravidão e política no Principado manifestou-se na criação da *familia Caesaris*, serviço civil imperial que empregava libertos e escravos dos imperadores. Iniciado por Augusto, chegou a possuir uma hierarquia complexa. Dentre as funções mais importantes destacavam-se os cargos dos libertos que atuavam como *a rationibus*, encarregado das finanças privadas e públicas, como *ab epistulis*, responsável pela correspondência imperial, e como *a libellis*, que se ocupava dos pedidos endereçados ao imperador. Devido à proximidade com o centro do poder, esses libertos são os mais citados pelas fontes antigas, mas havia toda uma gama variada de cargos que é atestada por evidências epigráficas. A escravidão funcionava assim a serviço da monarquia, uma combinação que o Império Romano compartilhou historicamente, por exemplo, com o Império Otomano (Parry, 1969).

Em Roma, já no período republicano, era normal que os indivíduos que exerciam cargos públicos utilizassem seus escravos e libertos como auxiliares, como revela a correspondência de Cícero. Não havia qualquer crítica a tal emprego, e mesmo quando alguém se referia negativamente aos libertos ou escravos de algum magistrado ou governador provincial, o alvo dos ataques era de fato o respectivo senhor ou patrono, segundo a lógica de que aquele que não era capaz de governar seus dependentes privados, muito menos estava apto a gerir a coisa pública. Mesmo no caso do Principado, é preciso ter clareza sobre o papel da *familia Caesaris* no aparelho governamental, para não concebê-la como em oposição às ordens senatorial e equestre, como as fontes literárias dos séculos I e II d.C. fazem supor à primeira vista.

Augusto, quando ascendeu ao poder, não confiou de imediato os serviços administrativos públicos à sua *familia* particular. É o que indicam seus procedimentos diante da organização do serviço de distribuição de água para a cidade de Roma. Tal serviço foi confiado a Agripa, homem de sua confiança, que substituiu os edis republicanos e passou a utilizar nos serviços de manutenção seus próprios escravos. Com sua morte em 12 a.C., esses escravos foram transferidos para a propriedade de Augusto, mas ele não os manteve em sua posse. Doou-os à *res publica*, tornando-os escravos públicos, isto é, evitou sobrepor-se ao Senado, uma vez que o serviço das águas era, em última instância, da responsabilidade de membros da ordem senatorial. Augusto apenas utilizava indivíduos de sua *familia* como secretários particulares ou como auxiliares subalternos nos serviços financeiros das províncias. Todavia, após o seu reinado, a *familia Caesaris* progressivamente aumentou em número e importância.

Com o imperador Cláudio (que governou de 41 a 54 d.C.), a *familia Caesaris* assumiu um maior papel político. Por um lado, criaram-se novos serviços administrativos – como, por exemplo, o de procurador *portus Ostiensis*, responsável pela gerência do porto de Óstia, por onde Roma recebia seus carregamentos de trigo – que foram atribuídos a libertos imperiais. Por outro lado, instituiu-se para a administração de assuntos financeiros e provinciais uma associação entre procuradores equestres e procuradores libertos. Ademais, foi também no reinado de Cláudio que os libertos *a rationibus*, *ab epistulis* e *a libellis* ganharam maior relevo ao gerir o patrimônio imperial e mesmo ao atuar em disputas dinásticas. Os nomes de Pallas, Narciso e Calisto, que desfilam pelas páginas de Tácito, Suetônio e Dião Cássio, nem sempre vêm acompanhados de menções honrosas, sendo criticadas sua arrogância, soberba e riqueza, e geralmente a historiografia moderna contenta-se a ecoar tais visões. No entanto, essas críticas devem ser situadas no contexto da ideologia aristocrática dos autores antigos. Não é tanto a distribuição de cargos administrativos entre a *familia Caesaris* que é criticada – mesmo porque as carreiras de cavaleiros e libertos sempre se mantiveram rigidamente separadas (Weaver, 1981) –, mas sim a atribuição aos libertos imperiais de honrarias que costumeiramente cabiam a cavaleiros e senadores. O texto abaixo de Suetônio sobre os libertos de Cláudio mostra isso de forma bem clara:

> De seus libertos elevou sobretudo o eunuco Posides, a quem no seu triunfo da Bretanha, gratificara, dentre os guerreiros, com uma lança. Não fez menos por Félix, a quem colocou à frente das coortes e das alas, e da província da Judéia, e que foi marido de três rainhas. Honrou também Harpócrates, a quem conferira o direito de se fazer conduzir em liteira pela cidade e dar espetáculos públicos, e ainda Políbio, seu professor, que muitas vezes caminhava entre dois cônsules. Mais, porém, que todos os outros, privilegiou Narciso, seu secretário, e Pallas, encarregado das finanças imperiais, a quem por um decreto do Senado, permitiu se cumular não somente de altas homenagens, mas ainda das honrarias da questura e da pretura. (*Cláudio*, 28)

Portanto, era muito mais uma questão de prestígio que levava a aristocracia a denunciar o poder de certos libertos. Além disso, todos os autores acima citados escreveram num contexto político diverso daquele do século I. Com a morte de Nero em 68, veio ao fim a dinastia júlio-cláudia, iniciada com Augusto. A partir de Vespasiano, que assumiu o Império após as guerras civis de 68-69, os nomes dos membros da *familia Caesaris* distinguem-se apenas pela indicação *Augusti* ("de Augusto", ou seja, do imperador) e não mais pelo acréscimo do nome pessoal do governante, como antes ocorria. Este processo de institucionalização da *familia Caesaris* também se reforçou com a atribuição dos cargos administrativos superiores a cavaleiros, embora no baixo escalão se continuasse a empregar libertos imperiais. Tendo em vista esse contexto, mais hierarquizado, os libertos de Cláudio pareciam gozar de maior poder aos olhos dos autores dos séculos II e III.

• • • • •

Da República ao Império, a escravidão na Roma antiga nunca deixou de ser pensada como uma instituição política. No período republicano, devido ao processo histórico que combinou guerras de conquista e anexação de novos territórios, fortalecendo econômica e politicamente a *nobilitas*, a escravidão inseriu-se num contexto intelectual mais amplo. Não se tratava apenas de considerar o controle das massas de escravos empregadas na agricultura extensiva, mas sobretudo de como conceber o poder de Roma sobre o império que se formava. A relação com as partes subordinadas passou a ser entendida em termos de relações escravistas que deviam oscilar entre a violência e a cooptação. Se no período imperial também é possível observar essa forma de abordagem na literatura, por outro lado, o foco deslocou-se para a interação entre imperador e aristocracia em Roma, que então os debates sobre a escravidão passaram a refletir. O Senado manteve dentro da esfera de sua atuação legislativa os assuntos concernentes a escravos e libertos, mas agora tendo que levar em conta a posição do imperador. Nesse sentido, também não é por acaso que os escritores sob o Império muito se serviram da metáfora da escravidão para qualificar as relações entre imperador e Senado. Mas antes de nos voltarmos a esse aspecto da cultura romana, é preciso analisar um outro campo, a economia.

3
Escravos e libertos na economia

Como já vimos, as interpretações modernas acerca do caráter da economia romana estão diretamente relacionadas ao modo como os historiadores entendem a relação entre passado e presente, sobretudo tendo em vista o desenvolvimento do capitalismo na Europa a partir de finais do século XVIII e ao longo do século XIX. O estudo da escravidão na Roma antiga, se tomada como primordialmente uma instituição econômica, inseriu-se consequentemente nesse debate.

Atualmente, há uma tendência a não colocar a questão do desenvolvimento econômico do mundo romano em termos totalmente antitéticos, como se o seu setor produtivo fosse ou "moderno" ou "primitivo", mesmo porque, ao final, tal classificação coloca um falso problema, pois em ambos os casos trata-se de interpretações modernizantes, já que o capitalismo é seu parâmetro. Para fugir a esse dilema, alguns historiadores propõem entender a economia romana como uma "economia dual" (Schiavone, 1999, p. 69-76), ou seja, abrangendo tanto um setor de subsistência como outro mais propriamente voltado ao mercado.

No tocante ao tema do trabalho escravo, busca-se agora ressaltar a diversidade de ocupações dos escravos, seja na agricultura, no comércio ou nas manufaturas. Quando manumitido, muitas vezes o escravo continuava no mesmo ramo em que já atuava, de modo que a situação do liberto apresentava-se como uma extensão de sua situação anterior, embora num plano jurídico diferente.

O presente capítulo tem por objetivo explorar essa diversidade ocupacional e suas características, a fim de mostrar a heterogeneidade e a complexidade que o fenômeno servil comportava. Em linhas gerais, é possível distinguir três categorias de escravos na sociedade romana: os escravos envolvidos diretamente na produção (agrícola ou artesanal), aqueles que atuavam em tarefas não-produtivas nas casas, e aqueles que operavam como agentes dos senhores no comércio ou em transações financeiras, ou como gestores de negócios, como lojas e manufaturas. Em seguida, nos deteremos na análise de um corpo documental específico, os tratados de agronomia. As obras de Catão, Varrão e Columella constituem documentos únicos para o estudo das técnicas de controle da escravaria em estabelecimentos agrícolas e permitem que se adentre no universo mental aristocrático, num espaço de tempo que cobre da República ao Principado. Por fim trataremos da questão do "declínio" da escravidão, que alguns historiadores situam no século II, quando teria começado a preponderar o sistema de colonato.

Escravidão e trabalho

Indubitavelmente o trabalho compulsório e a violência – inclusive sexual – sempre acompanharam a história da escravidão romana. Se não temos testemunhos iconográficos comparáveis àqueles que artistas europeus forneceram da escravidão no Brasil – pense-se na célebre litografia de Rugendas que retrata um escravo sendo açoitado num pelourinho, frequente em livros didáticos –, não faltam evidências literárias. Por exemplo, numa passagem das *Metamorfoses*, de Apuleio, lemos a seguinte descrição do trabalho escravo em um moinho:

> Inspecionei a organização desse indesejável moinho com um certo toque de prazer. Os homens que ali estavam eram indescritíveis – todas suas peles estavam pretas e azuis com os vergões deixados pelo chicote, e suas costas com cicatrizes estavam antes sombreadas do que cobertas por túnicas remendadas e rasgadas. Alguns vestiam apenas um pano ao redor dos quadris, mas estavam todos vestidos de um modo que se podia ver através dos rasgos. Tinham letras marcadas a ferro em suas testas, seus cabelos tinham sido em parte cortados, e tinham correntes nos pés. (*Metamorfoses*, 9)

Embora esse quadro esteja pintado em uma obra de ficção, naturalmente o seu autor retirou elementos de realidades extremas vivenciadas pelos escravos no mundo romano que atuavam no setor da produção de mercadorias ou produtos agrícolas. Mas também não se deve tomá-lo como um estereótipo, sem se inquirir sobre as outras alternativas de exploração que estavam abertas à camada senhorial e que interferiam nas trajetórias dos escravos.

Nesse sentido, em primeiro lugar, é preciso notar que escravidão e trabalho geralmente eram termos que se identificavam na cultura greco-romana. Trabalhar para alguém a fim de prover o próprio sustento era considerado digno de um escravo. No entanto, se para as camadas altas o trabalho manual era valorado negativamente, o mesmo não ocorria para aquelas que dele se valiam. Fazia parte da cultura dos libertos uma certa ética do trabalho no sentido de que este era considerado positivamente, uma vez que lhes permitiu ascender socialmente. As estelas funerárias de ex-escravos trazem claramente essa mensagem, que na literatura produzida pela elite é pouco usual.

Tal valoração positiva do trabalho indica como a relação de dependência podia atuar a favor do escravo. Uma categoria específica de escravos ilustra bem essa questão: a dos chamados escravos-gestores (Andreau, 1999; 2000). O escravo podia desempenhar a função de gestor sob as ordens diretas do senhor, sendo seu *dispensator*, tesoureiro, por exemplo, e também podia assumir o comando de uma loja ou oficina do senhor, pagando-lhe um rendimento. Por fim, o escravo podia trabalhar no comércio ou na administração das finanças de seu senhor, ganhando em troca um pecúlio, ou seja, uma quantia de dinheiro que legalmente continuava a pertencer ao *dominus*, mas que na prática o escravo estava livre para usar, até mesmo com o intuito de comprar sua liberdade.

Escravos e libertos também podiam atuar como intermediários dos senhores ou patronos em transações comerciais e financeiras. Algumas tabuinhas de cerâmica descobertas em casas de Herculano, próximo a Pompeia, revelaram-se documentos legais acerca da participação de escravos e libertos como agentes em transações de comércio de trigo (Lintott, 2002). Tais agentes eram denominados *institores*. Pela lei romana, o fato de alguém estar sob o poder (*potestas*) de outrem, permitia que aquele agisse como procurador. Assim como o filho sob *potestas* de seu pai podia representá-lo, o mesmo se dava com escravos ou libertos.

No campo também era comum deixar a cargo de escravos a gestão da propriedade agrícola, pois geralmente o proprietário não habitava no local ou nem mesmo tinha os conhecimentos técnicos necessários. A figura do *vilicus* (capataz) é constante nos tratados agronômicos: a ele cabia a supervisão e o controle dos demais trabalhadores, bem como administrar a propriedade em seus aspectos materiais, providenciando os equipamentos e bens necessários. Assim, havia no interior da *familia rustica* uma hierarquização segundo a qual a determinados escravos cabiam tarefas de comando, enquanto a outros de produção.

Também nas *familiae urbanae* esse fenômeno era observável. Nas casas dos aristocratas, das quais temos registros literários e epigráficos, observa-se uma grande quantidade de funções. Por exemplo, na tumba destinada ao pessoal doméstico de Lívia, esposa de Augusto, contam-se diversos cargos de escravos e libertos, o que também ocorria em outras casas de aristocratas.

A primeira parte da tabela abaixo apresenta a distribuição de funções desempenhadas por escravos e libertos na casa de Lívia (cf. Treggiari, 1975, *apud* Martin, 1990, p. 166). Foram consideradas 120 inscrições do *columbarium*, onde se depositavam os restos mortais dos serviçais. Os empregos foram divididos nas seguintes categorias: administrativos e gerenciais; secretariado; médicos e pessoal de apoio; artesãos e operários; empregados domésticos; servidores pessoais.

A segunda parte da tabela reúne os mesmos dados, mas da casa dos Statilii, uma família aristocrática de Roma (cf. Treggiari, 1973, *apud* Martin, 1990, p. 166).

Categoria de trabalho	Escravos	Libertos	Total
Casa de Lívia			
Administrativos e gerenciais	5	5	10
Secretariado	11	3	14
Médicos e pessoal de apoio	10	5	15
Artesãos e operários	21	10	31
Empregados domésticos	17	8	25
Servidores pessoais	16	9	25
Total	80	40	120
Casa dos Statilii			
Administrativos e gerenciais	1	3	4
Secretariado	4	2	6
Médicos e pessoal de apoio	3	1	4
Artesãos e operários	17	4	21
Empregados domésticos	1	0	1
Servidores pessoais	5	1	6
Encarregados de diversão	3	0	3
Total	34	11	45

Essa concentração de escravos e libertos nas casas possibilitava a constituição de laços pessoais entre eles, tanto que é comum em epitáfios as denominações de *conservus(a)* e *collibertus(a)* para designarem companheiros(as) de escravidão, indicando a existência de uniões estáveis (Flory, 1978).

No entanto, a *domus* era um espaço onde também a violência atuava na vida do escravo. Inclusive dentro da própria escravaria, lado a lado com as relações de amizade e afeto, estavam presentes a competição e a rivalidade por promoção e pela confiança do senhor. É comum as fontes literárias descreverem atos de crueldade dos senhores, embora o interesse manifesto fosse antes retirar ensinamentos éticos ou políticos do comportamento da camada senhorial do que propriamente colocar em dúvida a legitimidade da violência para com o escravo. Assim, pode-se citar a célebre passagem do *De Ira*, de Sêneca, em que narra um jantar entre o imperador Augusto e Védio Polião. A certa altura do banquete, um escravo de Polião quebrou um copo de cristal. Irritado, este ordenou que o serviçal fosse jogado em um viveiro cheio de moreias para ser devorado. O escravo imediatamente se lançou aos pés de Augusto pedindo-lhe outra forma de morte. O imperador ordenou então que se quebrassem todos os cristais e se jogasse tudo no viveiro, dizendo a seguir:

> Ordenas que homens sejam tirados de um banquete para serem despedaçados por um castigo pouco usual? Se teu cálice é quebrado, destrinchas vísceras humanas? Pensas que podes executar qualquer um onde César está? (*De Ira*, III, 40, 4)

Sêneca critica o tratamento cruel dado à escravaria, mas com o intuito de dissertar, por meio do tema da escravidão, sobre a diferença de *status* entre Polião e Augusto, entre a aristocracia e o imperador. Por sua vez, o médico Galeno, escrevendo no século II, censurava os senhores que descarregavam suas iras nos escravos, pelo fato de que isto podia colocar em risco não a saúde dos cativos, mas a dos próprios senhores! Eis o seu raciocínio:

> Tenho criticado muitos de meus amigos quando vejo o quanto machucaram suas mãos ao baterem nas bocas de seus escravos, e disse-lhes que mereciam ter um colapso e morrer num ataque de raiva, pois estava ao alcance deles aplicar posteriormente quantos golpes de vara ou chicote fossem necessários, e que poderiam levar a cabo tal punição como desejassem. (*Doenças da Mente*, 4)

Por sua vez, no interior das casas, a disputa entre os escravos pela confiança do senhor a fim de obterem recompensas ou promoção certamente deve ter sido frequente. Neste contexto entravam em cena não apenas as habilidades ou as competências de cada escravo, mas até favores sexuais faziam parte do jogo. No romance de Petrônio, o rico liberto Trimalcião, ao discorrer sobre sua vida como escravo, admite que serviu sexualmente seu proprietário: "Também fui a delícia de meu senhor por catorze anos. O que o senhor ordena, não é abjeto" (*Satyricon*, 75). E que os escravos mais antigos numa casa tivessem um tratamento diferenciado e hostilizavam os recém-chegados deduz-se de um texto de Tácito, em que se compara os bretões conquistados por Roma a escravos novos em uma *domus*, que no caso simboliza o império:

> Os escravos nascidos para a escravidão são vendidos uma só vez e, além disso, os donos os sustentam; mas a Bretanha todos os dias compra sua escravidão, todos os dias a alimenta. E, assim como na família sofrem os escravos mais recentes (*in familia recentissimus quisque servorum*) a zombaria dos companheiros (*conservis*), assim também nesta velha servidão do universo, somos

nós, os novos, os vis, levados para a morte; não temos campos, não temos minas, não temos portos que se nos reservem ao trabalho. (*Vida de Agrícola*, 31, 2-4)

Em suma, não se pode negar que a violência tenha sido uma constante na escravidão na Roma antiga. Contudo, também se deve reconhecer que as múltiplas possibilidades de emprego do trabalho do escravo – que refletiam em suas condições e trajetórias – requeriam outros recursos de controle, ponto este bem ilustrado por uma análise dos tratados agronômicos latinos.

Escravidão e poder nas villae

Sabemos apenas de forma indireta sobre o conteúdo da literatura cartaginesa, grega e latina sobre agricultura, visto que tais escritos não foram preservados. Os tratados agronômicos compostos por Catão, Varrão e Columella, como a crítica documental demonstrou, reúnem parte desse legado, mas reelaborando-o tendo em vista o contexto agrário italiano. Ademais, todos esses autores exerceram funções civis e militares e compuseram outras obras, de assuntos diversos.

Marcos Pórcio Catão (234-149 a.C.), que lutou na segunda guerra púnica, foi cônsul em 195 a.C. e um dos defensores da destruição de Cartago nos anos de 150. Além de seu *De Agri Cultura* (*c.* 160 a.C.), escreveu, entre 168 e 149 a.C., uma história de Roma, intitulada *Origines*. Marcos Terêncio Varrão (116-27 a.C.) estudou filosofia em Atenas e na política chegou a ser pretor. Lutou ao lado de Pompeu na Espanha em 49 a.C. e compartilhou com este a derrota para Júlio César. Este, porém, entregou aos seus cuidados o projeto da futura biblioteca pública de Roma. Após a morte de César, foi proscrito por Antônio em 43 a.C. De acordo com Aulo Gélio (3, 10, 17), editou cerca de quatrocentos livros. No entanto, de sua produção intelectual restam-nos somente duas obras: *De Lingua Latina*, conservada de forma incompleta, e *Rerum Rusticarum Libri III*. Sobre Lúcio Moderato Columella sabe-se que viveu à época do principado neroniano (54-68 d.C.), sendo natural da província da Bética, mais precisamente de Gades. Em 36 d.C. serviu como tribuno militar em uma legião estacionada na Síria. Além de um escrito sobre astrologia, que não se conservou, sua obra resume-se a um tratado agronômico em doze livros, *De Re Rustica*.

Nas propriedades agrícolas descritas por Catão, Varrão e Columella a escravidão constituía uma das modalidades de mão de obra, assim como a figura do capataz (*vilicus*) é peça fundamental para sua organização e controle. No entanto, o tratamento conferido ao tema difere entre cada autor.

Para Catão, o escravo é acima de tudo uma propriedade, que pode ser descartada quando não convém mais ao trabalho nos campos. Em suas palavras:

> O senhor (*pater familias*) [...] quando for informado, deve fazer as contas dos trabalhos e das diárias; se o trabalho não aparece, se o capataz diz que fez o melhor possível, mas os escravos estiveram doentes, fez mau tempo, que alguns escravos fugiram, que fez trabalho

> obrigatório para o Estado, quando tiver dito todas estas coisas, faça-o voltar às contas dos trabalhos e das diárias [...]. Quando tiver sabido, corretamente, o que deve ainda ser feito, mande-as fazer, checar as contas de prata e trigo e do que foi preparado como forragem, as contas do vinho e do azeite, o que se vendeu, do que se obteve, do que sobrou, do que há ainda à venda, que os empréstimos feitos sejam cobrados; o que sobrou deve ser mostrado; se falta qualquer coisa, compre; se sobrou, venda; os trabalhos a serem arrendados devem ser arrendados; deve deixar por escrito quais trabalhos devem ser feitos por locação e quais não. Examine o gado, faça um leilão: venda o azeite, se o preço for bom, vinho, o trigo que sobrou, os bois velhos, gado em mau estado, lã, couro, carro velho, ferramentas velhas, os escravos velhos ou doentes e tudo o que sobrar, venda; o senhor deve ser um vendedor e não um comprador. (II, 1-7)

Como se vê, a relação entre o proprietário e o capataz é descrita estritamente em termos de comando e obediência, e com os escravos em termos comerciais, estes são apenas uma mercadoria, dentre as outras da fazenda. Em Varrão esse viés permanece válido, mas a descrição da gerência do trabalho escravo e do papel do *vilicus* é mais detalhada e segue outros critérios:

> Quanto aos escravos, convém que não sejam nem covardes nem corajosos. Os que comandam, convém que saibam ler e escrever e que tenham alguma instrução, devem ser honestos e mais velhos que os trabalhadores. Isto porque é mais fácil serem obedecidos que os mais moços. Além disso, deve-se escolher para tal função os

mais experientes na agricultura, pois não apenas devem mandar, mas fazer, para que o imitem e para que percebam que, se ele comanda, é porque sabe mais. Mas não se deve permitir que comandem mais com chicotadas do que com palavras, se se pode obter o mesmo resultado. Nem se deve comprar muitos escravos da mesma origem: este é o fator principal de distúrbios entre a escravaria. Deve-se estimular os chefes com prêmios e dar um pecúlio e uma esposa, escrava como eles, para que tenham filhos. Isto os fará mais seguros e mais apegados à propriedade. É por tais laços de parentesco que os escravos epirotas são os mais reputados e custam mais caro. Deve-se obter a boa vontade dos chefes tratando-os com um certo respeito e, com os escravos que se sobressaem, discutindo com eles o que deve ser feito pois assim se julgam menos desprezados e tidos em consideração pelo senhor. Para torná-los mais apegados ao trabalho, deve-se tratá-los com mais liberalidade, seja na comida ou no vestuário ou dispensando-os do trabalho ou, ainda, permitindo que possuam algum gado próprio na propriedade, e com outras concessões deste tipo, de maneira que aqueles que receberem uma ordem mais árdua ou uma advertência, sintam-se consolados e recuperem a boa vontade e os bons sentimentos em relação ao dono. (I, 17, 4 e ss.)

O principal critério que norteia a narrativa de Varrão é o da reciprocidade, isto é, oferecem-se incentivos a determinados escravos em troca da manutenção da ordem e do funcionamento da propriedade. As relações de comando não se dão tanto entre o proprietário e os escravos diretamente empregados na produção, mas entre estes e seus chefes, também escravos. Há, portanto, um grupo intermediário entre o *pater familias* e a escravaria que, de certa forma, amortece os laços de exploração: caso sejam necessárias chicotadas, elas partem dos chefes. O proprietário envolve-se sobretudo com estes últimos, por meio de um sistema de concessão de recompensas. No texto de Columella este quadro continua presente, com a particularidade de que é dada muito mais ênfase às funções do *vilicus*, a ponto de se traçar verdadeiros paralelos entre a *villa* e uma *res publica*. A própria organização do espaço na propriedade descrita por Columella já indica o alto grau de hierarquização entre o pessoal servil. Ao tratar da *pars rustica*, ou seja, daquela destinada aos trabalhadores, escreve:

> Na parte rústica há que se ter uma grande e alta cozinha, para que as vigas de madeira estejam livres do perigo de incêndio, e para que nela os escravos possam comodamente ficar durante todas as épocas do ano. É melhor que os quartos para os escravos soltos sejam feitos voltados para o sol de meio-dia no equinócio; para os acorrentados deve-se ter um ergástulo o mais saudável possível, com muitas e estreitas janelas para iluminar, mas distantes do solo para não serem alcançadas pela mão. (1, 6, 3)

Existem, portanto, duas categorias de escravos e, consequentemente, dois espaços que lhes cabem. As *cellae* – provavelmente pequenos quartos no interior de uma construção maior – abrigam os escravos que não ficam acorrentados nas horas vagas, enquanto os demais permanecem no *ergastulum*. Por sua vez, espaços específicos são destinados ao *procurator* e ao *vilicus*, encarregados da supervisão da mão de obra e do funcionamento da *villa*:

> Para o capataz a habitação deve ser feita próxima da porta para que possa observar quem entra ou sai. Para o procurador deve ser feita acima da porta pelos mesmos motivos e para que observe de perto o capataz. Perto de ambos há o celeiro, onde se guarda todos os instrumentos agrícolas; e dentro dele há um local fechado para reunir as ferramentas. (1, 6, 7)

A distribuição espacial desses aposentos segue assim claros critérios hierárquicos. O *vilicus* deve situar-se de modo a poder observar a movimentação de pessoas na propriedade e daí localizar-se perto da entrada da *villa*. Já a habitação do *procurator* – em posição hierárquica superior à do *uilicus* – situa-se consequentemente acima daquela do capataz, para supervisioná-lo e ao restante da propriedade. Do mesmo modo, os escravos responsáveis pelo cuidado dos animais devem residir próximo aos estábulos e de maneira a também facilitar o controle pelo *vilicus*:

> Os quartos dos pastores devem estar ao lado de seus rebanhos para que possam cuidar deles quando seja preciso. E todos devem morar o mais próximo possível entre si, para que o empenho do capataz não se desdobre para circular por diversos lugares e para que entre eles a diligência e a negligência de cada um esteja aparente. (1, 6, 8)

Portanto, a organização do espaço na *villa* columelliana repete a distribuição do poder entre seus agentes. Na *pars rustica* os espaços são atribuídos de acordo com o grau de subordinação dos trabalhadores. No entanto, para melhor compreender tal fenômeno é preciso nos deter mais longamente nas atribuições de cada agente na *villa*, principalmente no que tange ao proprietário (*dominus, pater familias*), ao *vilicus* e demais escravos.

O tipo de proprietário que Columella tem em mente ao descrever a *villa* deriva da maneira como concebe a gestão da propriedade, qual seja, por meio de um capataz, mas sob supervisão do proprietário. Daí decorre a importância da figura do *vilicus* (e também da *vilica*, sua companheira) na obra columelliana, o que a torna única se comparada às obras de Catão e Varrão. Para Columella, o *vilicus* "toma o lugar do senhor" na *villa*, assim como a *vilica* substitui a senhora (xii, 1, 10). Logo, as qualidades do *vilicus* devem ser o trabalho e a experiência (*labor et experientia vilici*) (i, 1, 18). Ele não deve jamais abandonar os limites da *villa* (i, 8, 6) nem fazer qualquer negócio por conta própria (i, 8, 13). Sua função é zelar exclusivamente pelos interesses do senhor, cuidando tanto dos equipamentos da *villa* (i, 8, 8) como principalmente da escravaria (xi, 1, 21-22). É certo que é um escravo, mas está acima dos demais escravos, em uma posição de comando, seja na atribuição de tarefas (xi, 1, 7), seja ao servir de exemplo de trabalhador:

> Convém que o capataz cuide para que os escravos saiam logo ao raiar do dia não de uma forma vagarosa

e preguiçosa, mas, como numa batalha, com vigor e disposição de ânimo, seguindo-o diligentemente como a um comandante, e ele deve exortá-los enquanto trabalham e, de quando em quando, para ajudar alguém extenuado, deve ele mesmo pegar o instrumento e realizar o serviço lembrando-lhe que deve ser feito do modo vigoroso como ele está realizando. (XI, 1, 17)

Significativo nessa passagem é a comparação do *vilicus* a um *dux*, a um comandante de exércitos, sugerindo assim um modelo militar de organização da propriedade. De fato, já se mencionou que a *villa* columeliana assemelha-se a um esquema de caserna (Martin, 1974, p. 285). Embora, em um plano estritamente administrativo, a metáfora seja válida – mesmo porque Columella serviu como tribuno em legiões na Síria –, a questão do poder na *villa* descrita por Columella não se resume à transposição de uma hierarquia militar para a diferenciação dos trabalhadores agrícolas. Mais relevante do que isso é o problema da legitimação do poder tanto do *vilicus* como do proprietário. Quando se põe a discorrer sobre o perfil ideal do *vilicus*, Columella observa:

> [O capataz] deverá considerar o que é difícil de se observar mesmo no tocante aos maiores poderes, isto é, não agir de forma muito cruel ou indolente com os subordinados; é preciso sempre incentivar os bons e empenhados, poupar os menos aptos, e agir moderadamente para que eles mais respeitem sua severidade do que odeiem sua crueldade. E poderá obter isso se preferir cuidar para que um trabalhador não erre do que, se

errar, puni-lo. Pois não há nada mais eficaz para controlar o pior dos homens do que retirar-lhe dia a dia suas tarefas. (XI, 1, 25)

E numa passagem que lembra aquela de Varrão já citada, assim descreve as funções do *vilicus* e do proprietário:

> O capataz deve observar dois pontos fundamentais: não tirar as algemas de ninguém a quem o dono tenha destinado algum castigo, a não ser que tenha sido autorizado, e não libertar ninguém que ele mesmo haja acorrentado antes que o senhor conheça as circunstâncias; e o senhor da casa deve tomar um cuidado particular com estes escravos, para que não sejam tratados injustamente com relação a suas roupas ou em outros benefícios. Pois os escravos estando submetidos a um grande número de pessoas – o capataz, os supervisores e os carcereiros – podem facilmente sofrer uma punição injusta. E então, prejudicados pela crueldade e ambição, tornam-se mais perigosos. Assim, um senhor cuidadoso inquirirá sobre eles e também sobre os escravos não acorrentados, pois estes são mais dignos de crédito, se estão recebendo o que lhes é devido segundo o que ordenará. [...] Ele deve dar também oportunidade de queixar-se daquelas pessoas que os tratam mal ou com crueldade. Com efeito, eu às vezes defendo aqueles que têm uma justa causa de queixa e puno aqueles que incitam os escravos à revolta ou que caluniam seus supervisores; por outro lado recompenso aqueles que se comportam com energia e diligência. [...] Agindo com tal justiça e consideração, o senhor muito contribui para o crescimento de seu patrimônio. (I, 8, 17-20)

Nessa apresentação das relações escravistas na *villa* observa-se, em primeiro lugar, que o proprietário não considera os escravos exclusivamente como mercadorias, como Catão, rebaixados a simples instrumentos, passíveis de serem descartados quando necessário. Isso não significa que Columella desconsiderasse os escravos nesse sentido, mas que sua conduta perante eles era pautada também por outros princípios. O *pater familias* surge em sua descrição como um apaziguador dos conflitos que despontam dentro da escravaria devido à desigual posição dos escravos na *villa*. Tendo delegado poderes administrativos ao *vilicus*, cabe-lhe averiguar se suas prescrições são levadas a cabo. Temos aqui então um modelo de gestão que possibilita que todas as tensões recaiam diretamente sobre o administrador direto, o *vilicus*, poupando a figura do proprietário que parece pairar acima de quaisquer conflitos. Que tal modelo de gestão tenha um equivalente público Columella diz explicitamente em outra passagem:

> Após tudo isso ter sido realizado, não julgo que a distribuição tenha resultados a não ser, como disse, se geralmente o capataz, e também de vez em quando o senhor ou a senhora inspecionem e cuidem para que o que foi ordenado seja executado. Isto é sempre observado nas cidades de bons costumes, onde os primeiros e melhores não se satisfazem apenas em ter boas leis, mas escolhem dentre os mais diligentes cidadãos aqueles que os gregos chamam de "guardiões das leis" (*nomophúlakes*). Cabia-lhes atribuir aos que obedeciam as leis louvor e outras distinções, e, aos que não obedeciam, castigar

com penas. Isto agora cabe aos magistrados, guardiões da força da lei por uma constante administração da justiça. (XII, 3, 10-11)

Columella já comparara o proprietário da *villa* a um *imperator* (I, 1, 18), uma titulação militar. Agora o proprietário aparece como exercendo uma função civil, de guardião das leis (*nomophúlax*)[1]. A *villa* assim aparece na obra de Columella como uma *res publica* em ponto pequeno, onde, se ao proprietário cabe a administração da justiça, ao *vilicus* cabe a administração dos bens e pessoas. Aliás, o constante uso dos verbos *iubeo* (mandar, ordenar) e *impero* (comandar) nas fontes latinas para designar as ações do capataz indica que o poder deste escravo era comparado àquele de um magistrado ou *pater familias*. Assim, por exemplo, a metáfora do *vilicus* como um magistrado é usada por Juvenal, que compara o prefeito da cidade de Roma sob Domiciano com um *vilicus*: é como um escravo que tem poder sobre muitos, mas que está ele próprio subordinado ao seu senhor, o imperador (*Sátiras*, IV, 77-78) (cf. Carlsen, 1995, p. 77-79). Portanto, as analogias entre a *villa* e a *res publica* revelam uma linha de pensamento pela qual o poder político e o poder doméstico eram considerados dialeticamente. Economia e política aparecem imbricadas, conformando uma visão específica da escravidão romana.

---

1 Columella retoma aqui uma comparação já traçada por Xenofonte (*Econômico*, IX, 15).

Escravidão e colonato

Uma interpretação tradicional do declínio da escravidão no mundo romano a partir do século II d.C. imputa ao fim das guerras de conquista a diminuição do número de escravos, o que levou a um aumento de seus preços e, por conseguinte, ao recurso a outras formas de exploração do trabalho, como o colonato. Porém, essa hipótese não encontra muita sustentação, porque a guerra nunca foi a única fonte de escravos. Durante o Alto e Baixo Império têm-se evidências de que o tráfico de escravos permaneceu operante, ao lado de outras formas de obtenção de escravos como a própria reprodução da população servil, a venda de crianças etc.

Se houve alguma preocupação dentre os proprietários de terras romanos com a escassez de mão de obra, foi com aquela livre e não com a servil (cf. Giliberti, 1999, cap. 3). Isto porque, em primeiro lugar, tal escassez era interpretada como um motivo de insegurança social. Tácito, por exemplo, estabelece uma divisão entre os escravos e a plebe ingênua e observa que esta última tendia a desaparecer, o que, para ele, constituía um fator de instabilidade. Esse aspecto está presente no seguinte texto, que trata de um episódio ocorrido no ano de 24 d.C., sob o principado de Tibério:

> Nesta mesma época surgiram princípios de uma guerra servil na Itália, que foi por acaso reprimida. O autor deste tumulto fora Tito Curtísio, outrora soldado de coorte pretoriana, que, primeiramente, em reuniões clandestinas em Brundísio e cidades próximas, e depois em

dizeres profusamente espalhados, chamava à liberdade os ousados escravos que viviam em campos distantes. Quiseram os deuses que três birremes chegassem àquele mar para proteger a navegação. Também era questor naquelas paragens Cúrcio Lupo, encarregado da superintendência das pastagens. Este, com o auxílio dos soldados, dispersou os rebeldes logo no começo do tumulto. O tribuno Staio foi mandado por César com forças suficientes e trouxe para Roma o próprio chefe e seus mais audazes companheiros, quando já a cidade tremia por causa da grande multidão de escravos, que dia a dia mais avultava, ao passo que diminuía a plebe ingênua. (*Anais*, IV, 27)

Em segundo lugar, ao tratarem dos assuntos do campo, as fontes enfatizam que se devia recorrer ao trabalho escravo apenas em determinadas circunstâncias. É o que se depreende desta passagem de Varrão:

> Todos os campos são cultivados com escravos, livres ou ambos: com os livres, seja quando são próprios a trabalhar com sua família, ou assalariado, quando se aluga o trabalho de homens livres nos grandes trabalhos agrícolas, como a vindima ou a colheita do feno, ou mesmo com *obaerarii*, como nós o chamávamos, e que existem ainda em grande quantidade na Ásia, no Egito ou na Albânia. Sobre todos estes digo o seguinte: nos lugares malsãos é melhor cultivar com assalariados do que com escravos e, mesmo nos lugares salubres, nos períodos de grande trabalho, como na colheita dos frutos da vindima ou do trigo. (*Rerum Rusticarum*, I, 17, 2)

É certo que os escravos constituíam grande parte da força de trabalho permanente, mas esta tinha que ser necessariamente complementada com a mão de obra de homens livres, cuja forma de controle requeria menos supervisão e vigilância. Na falta de colonos ou assalariados, os grandes proprietários recorreram a cultivadores semilivres. Assim, por exemplo, difundiu-se uma modalidade de manumissão que permitia um tipo de cultivador em parte subordinado, o *Latinus junianus*, do qual já tratamos com detalhe no primeiro capítulo. O escravo liberado por este procedimento informal não adquiria de imediato a cidadania. Não podia legar seus bens por testamento, que, com sua morte, revertiam ao patrono. Os *Latini juniani* foram bastante empregados como arrendatários, controlados pelo arrendador por meio da relação de patronato.

Esta forma de subordinação, entre a liberdade e a escravidão, encontra-se teorizada na obra de Sêneca, que escreveu sob Nero. Quando trata da escravidão, segundo a ótica estoica, postula a tese de que o escravo deve estar ligado ao senhor mais pela lealdade (*fides*) do que pelo poder e pela propriedade do corpo. E justamente por isso é capaz de conferir-lhe benefícios, assim como qualquer homem livre. Tal é a ideia que expõe no seu tratado *De Beneficiis* (III, 17, 3-29). Para Sêneca, apenas o corpo é escravo, mas a alma é livre. Se os escravos eram *obnoxia* e *adscripta*, termos usados pelo filósofo (*De Beneficiis*, III, 20), isto é, subordinados ao senhor e registrados como sua propriedade para fins censitários, por outro lado, tinham pleno controle sobre suas almas. A terminologia assemelha-se àquela usada no Baixo Império para descrever a situação da categoria dos trabalhadores em regime de colonato: *obnoxii* ao senhor, mas *adscripti* à terra, ou seja, registrados como trabalhadores de uma propriedade agrícola. Em suma, na jurisprudência do Baixo Império, apesar da ligação com o senhor, os colonos eram livres.

Assim, a transição da escravidão para o colonato se deu de forma gradativa, com menor ou maior intensidade já desde o século I d.C., e devido principalmente às oscilações na disponibilidade de mão de obra da população livre. Se, por um lado, como sustenta Finley (1991, p. 155), a pauperização de setores dessa população tornou a partir de certo momento desnecessária a escravidão, por outro, as transformações nessa instituição, estabelecendo novas trajetórias para escravos e libertos, como aquela possibilitada pelos *Latini juniani*, também desempenhou um papel nesse processo histórico que, por final, acabou culminando na servidão medieval. Durante a Idade Média, a escravidão não desapareceu por completo, persistindo em áreas rurais e urbanas das Penínsulas Itálica e Ibérica. Contudo, o mais significativo foi que, então, a escravidão deixou de ocupar um espaço central no plano cultural, o que não ocorria no mundo romano, entre o final da República e início do Império.

4
Escravidão e cultura: teorias e metáforas

Como já se mencionou no capítulo reservado às relações entre escravidão e política, na Roma antiga a escravidão era referida dentro de quadros mais amplos, que englobavam inclusive relações políticas de poder. Resta agora tratar de aprofundar este ponto, ressaltando-se que na literatura latina a escravidão aparece muitas vezes sob a forma de metáfora. Muito mais do que se deter na escravidão como uma instituição isolada – não se tem notícias, no mundo romano, de um tratado "sobre a escravidão" –, costumava-se inseri-la dentro de debates sobre ética e política, seja para definir formas de ação social, seja para representar sistemas políticos. A fim de apontar como, no pensamento romano, a escravidão era uma ferramenta conceitual que permitia pensar a sociedade, este último capítulo pretende abordar o tema da metáfora da escravidão por meio da análise de quatro autores: Sêneca, Epiteto, Salústio e Tácito.

O filósofo estoico Sêneca (*c.* 4 a.C. – 66 d.C.) foi uma das principais personalidades do principado de Nero, de quem foi o preceptor e conselheiro político. Sua obra, composta por tratados filosóficos, cartas, tragédias e uma sátira, é uma rica fonte para o estudo das ideias correntes sobre a escravidão nos círculos aristocráticos de Roma no primeiro século da era cristã. Epiteto (*c.* 55-135 d.C.) também foi um filósofo estoico, mas com a peculiaridade de ter sido escravo (talvez de propriedade de Epafrodito, liberto de Nero). Suas reflexões filosóficas – *Diatribes*, publicadas em torno de 108 d.C. –, onde se faz particularmente presente o tema da liberdade e escravidão, foram coligidas por Arriano, que havia sido seu aluno em Nicópolis, onde Epiteto ensinava filosofia, e posteriormente foi governador da Capadócia. Trata-se assim de um precioso documento ao apresentar o ponto de vista de um ex-escravo. Salústio (86-34 a.C.) foi senador e partidário de César. Compôs duas monografias, uma sobre a conspiração de Catilina e outra sobre a guerra empreendida contra o rei númida Jugurta. De suas *Histórias*, compostas após 39 a.C., em cinco livros, preservaram-se somente fragmentos. Já o também senador Tácito (*c.* 55-120 d.C.) escreveu, na primeira metade do século II, duas obras históricas – as *Histórias* e os *Anais* – que abarcavam o período entre Augusto e Domiciano, mas que infelizmente foram preservadas de forma fragmentária. No entanto, mesmo assim é possível extrair de seus escritos uma visão senatorial da escravidão.

Sêneca e Epiteto: escravidão, estoicismo e o poder imperial

Sêneca declarava-se seguidor do estoicismo, filosofia que nasceu na Grécia por volta do século IV a.C. e que se manteve até os tempos de Roma. Os estoicos em geral não seguiam a teoria aristotélica da escravidão natural, mas não porque a combatessem frontalmente. Tal teoria era até mesmo aceita por alguns filósofos, como Filo de Alexandria (Garnsey, 1994). O que os estoicos fizeram foi deslocar a atenção da escravidão legal para a escravidão moral, ou seja, não importava tanto para eles discutir como alguém se tornava escravo (isto era explicado apenas como obra do acaso). Preocupavam-se, pelo contrário, em dissertar sobre como os indivíduos podiam ficar livres da escravidão promovida pelas paixões e emoções, passando a agir de acordo com a natureza (Garnsey, 1996, p. 150-151).

Nesse sentido, Sêneca, quando se detém no tema da escravidão, o faz sob dois enfoques. Por um lado, interessa-lhe sobretudo utilizar a figura do escravo para apresentar a seus leitores determinados tipos de comportamento diante da vida e da morte, ou seja, alça as condutas dos escravos à categoria de *exempla*. Por outro lado, a maior parte de suas referências à escravidão situa-se no campo metafórico, ou seja, a relação senhor-escravo permite-lhe representar outras relações de poder que tinham lugar na sociedade romana imperial, em particular aquela entre imperador e aristocracia.

Logo, a visão de Sêneca sobre a escravidão só pode ser devidamente apreendida se tomada em conjunto com seu pensamento político-filosófico, de modo que é preciso inicialmente comentar como filosofia e política se apresentam em sua obra. Para Sêneca, o principal objetivo da filosofia consiste em ensinar aos homens a viver de acordo com a natureza (*Cartas*, 5, 4). O conceito de natureza tem um papel importante na filosofia de Sêneca, pois é o parâmetro a partir do qual se julga a conduta humana. Viver de acordo com a natureza consiste essencialmente em descartar a posse efetiva de bens materiais e o reconhecimento público como fatores decisivos para se balizar a conduta individual. No tocante à pobreza e à riqueza, por exemplo, Sêneca é da opinião de que é preciso se perguntar se o quanto alguém tem lhe é necessário ou suficiente: "Não considero pobre aquele a quem basta o pouco que tem" (*Cartas*, 1, 5).

Atendo-se ao que é necessário ou suficiente, estará se agindo de acordo com a natureza: "'Uma verdadeira riqueza é a pobreza conforme a lei natural'. [...] Aquele que sabe viver bem com a pobreza, esse é verdadeiramente rico" (*Cartas*, 4, 10-11). Além disso, visto que a riqueza é instável, pois está à mercê do acaso, não é a posse de bens que define quem é rico ou não, mas sim o comportamento que cada um efetivamente adota diante do que realmente tem. A pobreza é considerada de forma positiva para Sêneca uma vez que proporciona um desprendimento das coisas terrenas, o que é um primeiro passo para se obter a liberdade (*Cartas*, 17, 4-5).

O controle sobre si próprio com o propósito de ficar livre das amarras que as ocupações terrenas impõem, e sobretudo afastar o medo da morte, define o estágio ideal a ser alcançado pelo praticante da filosofia. Este é um aspecto da filosofia senequiana em que prepondera o recurso à metáfora da escravidão e às referências a condutas de escravos para ilustrar tal conceito de liberdade. Isso porque Sêneca muitas vezes coloca num mesmo patamar escravos e pobres como exemplos a serem seguidos para a conquista da efetiva libertação e, no plano metafórico, serve-se da oposição liberdade/escravidão quando se remete às oposições entre alma e corpo e entre morte e vida.

Temos então que aquele vive em função do corpo é equiparado a um escravo: "Ninguém que é escravo do corpo é livre" (*Cartas*, 92, 33). Esse desprezo pelo corpo e por tudo que a ele está ligado leva também Sêneca a retratar a vida como um estado de escravidão do qual se escapa apenas pela morte (*Cartas*, 26, 8-10). No seu tratado sobre a ira o filósofo comenta esse ponto, defendendo a validade do suicídio: "Vês teu pescoço, tua garganta, teu coração? São fugas da escravidão (*effugia servitutis sunt*). [...] Perguntas qual é o caminho para a liberdade? Em qualquer veia de teu corpo" (*De Ira*, III, 15, 3-4). O corpo é desprezível, pois, como todos os outros bens materiais, não é duradouro. Nesse sentido, apenas na alma residem os verdadeiros bens, sendo que os demais são como que "escravos", meros utensílios:

> Tudo quanto cai sob o domínio do acaso – dinheiro, corpo, honras – merece tratamento de escravo, pois são bens efêmeros, transitórios, perecíveis, e a sua posse é incerta. (*Cartas*, 66, 22-23)

Se nos afastarmos por um momento do plano metafórico do discurso senequiano e nos voltarmos para suas referências à escravidão propriamente ditas, vemos se confirmar essa imagem do escravo como uma mera propriedade dentre outras, como quando, por exemplo, aparece conjuntamente com outros bens, como habitações, terra e gado. Nas cartas a Lucílio também os escravos são apresentados como elementos que compõem a riqueza de um indivíduo e que, portanto, devem ser tratados como bens dispensáveis, supérfluos, para quem almeja uma vida de acordo com a razão. No entanto, essa depreciação dos escravos e da própria escravidão não impede que o filósofo muitas vezes considere as condutas dos escravos como modelos a serem seguidos. Justamente por serem objetos de propriedade e agirem por coerção, segundo a vontade dos senhores, os escravos fornecem o exemplo extremo de liberdade ao escolherem a morte como meio de uma real libertação.

No entanto, Sêneca não valoriza as atitudes dos escravos a fim de enaltecê-los como categoria social, já que, pelo contrário, a considerava a mais vil de todas. Ele não se dirige a um público de escravos, mas a uma audiência composta pela aristocracia imperial, e sendo assim, as referências aos escravos fazem parte da formulação de um conjunto de valores éticos para o contexto do Principado. Sêneca, em sua obra, contrapõe duas éticas, uma estoica e outra tradicional, em grande parte antitéticas (cf. Roller, 2001, cap. 2). A ética tradicional, de matriz republicana, vincula-se à ideia de que a posição social de um indivíduo está arraigada no reconhecimento público e na posse de sinais distintivos de riqueza e poder (ideias contestadas por Sêneca). Já a ética estoica nega justamente esses dados, o que significaria uma tentativa de Sêneca de oferecer uma filosofia mais adequada ao Principado, quando a distribuição do poder político passava pelo imperador e portanto a exibição pública de prestígio e poder não era mais aconselhável.

Mesmo as referências de Sêneca à escravidão como instituição não visavam diretamente a alterar a situação dos escravos, mas revestiam-se de um caráter político, uma vez que tendiam para uma discussão sobre a natureza do poder. É isso que indica sua célebre carta 47 a Lucílio, onde discorre longamente sobre o tratamento que melhor convém para a gestão dos escravos domésticos. Escreve Sêneca:

> Foi com prazer que ouvi dizer por pessoas vindas de junto de ti que vives com os teus escravos como se fossem teus familiares. Isso só atesta que és um espírito bem formado e culto. "São escravos." Não, são homens. "São escravos." Não, são amigos mais humildes. "São escravos." Não, são companheiros de escravidão, se pensares que todos estamos sujeitos aos mesmos golpes da fortuna. (*Cartas*, 47, 1)

A primeira questão que essa carta coloca remete ao pressuposto estoico da unidade do gênero humano: Sêneca equipara senhores e escravos argumentando que tal distinção é apenas obra do acaso e, por conseguinte, sujeita aos revezes da fortuna. Contudo, o início da carta coloca também outro ponto de interesse, ou seja, indica que o modo como um senhor geria seus escravos era motivo de comentário entre seus pares, fazendo parte de sua avaliação social. Nesse caso, as advertências de Sêneca em relação às consequências do mau tratamento dos escravos – denunciam seus senhores, tornam-se seus inimigos etc. (*Cartas*, 47, 2-5) – não objetivam apenas propor uma alternativa de controle para ganhar a aquiescência dos escravos. No fundo, Sêneca está a definir formas de exercício do poder em que o recurso à violência é mais ou menos contido, e daí o paralelo entre *domus* e *res publica*, exposto na carta:

> Vive com teu escravo de forma clemente, e mesmo afável, admite-o nas tuas conversas, nas tuas deliberações, nas tuas refeições. [...] Não vedes o que faziam os nossos maiores para colocar os senhores ao abrigo do ódio e os escravos ao abrigo da injúria? Ao senhor chamavam "pai de família" e aos escravos, uso que aliás perdura nos mimos, "pessoas de família". Além disso, instituíram um dia feriado no qual era, não só lícito, como obrigatório que escravos e senhores tomassem as refeições em conjunto; atribuíram-lhes cargos honoríficos na administração da casa ou na distribuição da justiça, fazendo assim da casa uma república em ponto pequeno. (*Cartas*, 47, 13-14)

E Sêneca estende ainda mais o paralelo no final da carta, quando encerra com um comentário em que compara *rex* e *dominus*:

Quem é respeitado é também amado, ao passo que o amor nunca pode ir de par com o medo. Entendo, portanto, que fazes muito bem em não querer inspirar medo aos teus escravos, em apenas os castigares verbalmente: só os irracionais é que são ensinados a chicote. Nem tudo quanto nos atinge nos fere; é a nossa vida de luxo que nos torna propensos à ira, a ponto de a mínima contrariedade gerar uma explosão de cólera. Criamos em nós próprios uma soberba de reis. E os reis, por seu lado, esquecendo-se do próprio poder e da fraqueza dos outros, enfurecem-se e lançam-se como feras, como se tivessem recebido alguma ofensa, quando a grandeza da própria fortuna os mantém ao abrigo total das ofensas.
(*Cartas*, 47, 19-20)

Alguns dos argumentos aqui presentes aparecem no *De Clementia*, tratado que Sêneca escreveu a Nero e cujo tema é o correto exercício do poder. Como um rei no Estado, o *dominus* em sua casa deve governar buscando incutir mais amor do que medo. Também no *De Beneficiis* Sêneca serve-se da escravidão para tratar da relação entre inferiores e superiores na mesma lógica acima exposta:

Se um escravo não pode conferir um benefício a seu senhor, também um rei não pode receber de seus súditos nem o comandante de seus soldados. Que importa sob qual poder se está submetido, se este é absoluto? Pois se o escravo está impedido de alcançar este merecido nome porque uma necessidade derradeira ou o medo de punição o impede, isso igualmente ocorre com aqueles que têm um rei ou comandante, os quais, sob diferentes

> títulos, estão sujeitos ao mesmo tratamento. Logo, pode-se conferir benefícios aos reis, aos comandantes, assim como aos senhores. (*De Beneficiis*, III, 18)

Sêneca passa então a citar exemplos de escravos que conferiram benefícios a seus senhores, seja livrando-os da morte, seja morrendo em lugar deles, realçando a possibilidade de os subalternos poderem beneficiar seus superiores, tornando-os, de certa forma, também seus dependentes. Por outro lado, assim como o senhor tem poder de vida e morte sobre seus escravos, igualmente estes têm o mesmo poder sobre o senhor. Numa carta em que repreende Lucílio por se queixar da fuga de alguns escravos, Sêneca pondera: "'Fui abandonado por meus escravos!' Mas há quem tenha sido roubado, denunciado, morto, traído, maltratado, quem tenha sido envenenado ou caluniado. Aquilo de que te queixas aconteceu a muitos outros" (*Cartas*, 107, 5). No seu tratado sobre a clemência (I, 1, 3), Sêneca afirma ainda que uma grande força – no caso, o poder imperial – é apenas honrosa se exercida para o bem-estar dos homens, pois assim consegue que esses a apóiem, ou seja, enfatiza o papel dos súditos para a manutenção da supremacia do imperador. Enfim, no *De Clementia*, com esse mesmo objetivo, traça uma correspondência entre o imperador e um senhor de escravos:

> Assim como toda a cidade aponta para os senhores cruéis e por isso são detestáveis e odiados, do mesmo modo a injustiça dos reis está à vista de todos e a infâmia e o

ódio são transmitidos por séculos. É melhor nem mesmo nascer do que ser contado entre aqueles que nasceram para o mal de todos! (*De Clementia*, I, 18, 3)

A conclusão que se pode tirar dessas passagens é que, trate-se do poder privado, trate-se do poder público, a questão que se coloca é a da sua afirmação por meios preferencialmente não violentos, o que implica em concessões aos subordinados, no reconhecimento de que também deles depende a manutenção da ordem e a própria legitimidade do governante. O paralelo entre *domus* e *res publica* insere-se neste contexto e, ao transpor a escravidão para o campo moral e político, Sêneca a converte em conceito para qualificar as expectativas da aristocracia frente ao sistema imperial romano, que tinha no imperador seu ponto mais alto.

Quando nos voltamos para a obra de Epiteto, que viveu a experiência de ser escravo, também vemos a escravidão mencionada em quadros filosóficos ou retóricos mais amplos (Hershbell, 1995). Como os demais estoicos, Epiteto distinguia entre a escravidão legal e a escravidão moral, com ênfase nesta última. Ao mencionar o cotidiano dos escravos, ressalta que estes viviam num estado de aflição e medo diante da possibilidade de humilhação e uso da violência pelos senhores. Em uma passagem chega a dizer que é o sofrimento físico, provocado por golpes desferidos pelo senhor, que produz nos escravos a lembrança de seus atos (III, 25, 10). Já sobre o estado de constante medo em que vivia um escravo, escreve:

> O homem é um tipo de animal que preza a contemplação; mas é infamante contemplar as coisas como um escravo fugitivo, isto é, deve-se sentar livre de distrações e escutar seja o ator trágico seja o citaredo, mas não como fazem os fugitivos. Pois bem no momento em que um deles está prestando atenção ou louvando o ator trágico, ele olha em volta, e então se alguém grita "senhor", eles logo tremem e agitam-se. É infamante para os filósofos contemplarem as obras da natureza desse modo. (I, 29, 59 e ss.)

Por outro lado, assevera que também os escravos dependiam de seus senhores para a sobrevivência, de forma que a liberdade muitas vezes é apenas uma nova escravidão:

> O escravo faz votos de que seja rapidamente libertado. Por quê? Pensas que é porque está ansioso para entregar seu dinheiro aos que coletam a taxa de 5%? Não. É porque imagina que até então se encontrava imobilizado e desafortunado. "Se eu for libertado", diz, "imediatamente tudo será fácil, não terei que me dirigir a ninguém, falarei com todos em pé de igualdade, irei para onde quiser, voltarei também quando quiser, e para onde quiser". É então libertado, e não tendo para onde ir ou aonde comer, procura alguém para bajular, alguém em cuja casa jantar. Em seguida, ou se prostitui ou suporta as mais execráveis coisas, e se encontra uma manjedoura onde comer, terá então caído sob uma escravidão mais dura que a anterior; ou mesmo se enriquece, sendo ignorante do que é belo ou bom, apaixona-se por uma escravinha e lamenta-se desconsolado, saudoso de sua antiga escravidão. "O que aconteceu de errado comigo? Alguém me dava o que vestir e calçar, me fornecia comida e cuidava

de mim quando doente. Mas agora, infeliz que sou, sofro por ser escravo de muitos ao invés de ser de um só".
(IV, 1, 33-40)

Para Epiteto, o processo de emancipação não confere de fato uma independência das coisas externas (o ex-escravo continuará necessitando de alimentação e vestimenta, mas tendo agora de provê-las por si próprio) e ademais, mesmo que tenha uma ascensão social, sempre estará submetido a relações de dependência que tolhem sua liberdade, reescravizando-o. As referências à situação dos "amigos de César" (*Kaisároi*), logo depois da citada passagem, continuam o raciocínio e sugerem que Epiteto tinha em vista o poder imperial ao escrever suas reflexões filosóficas:

> O que procura todo homem? Viver em segurança, feliz, fazendo tudo o que deseja, sem ser reprimido ou sujeito a compulsões. Quando então se torna amigo de César, fica ele livre de impedimentos, compulsões, vive em segurança ou com serenidade? Quem mais confiável para responder do que o homem que se tornou amigo de César? [...] Diga, jantavas mais agradavelmente antes ou agora? Ouça o que ele tem a dizer sobre isso. Se ele não é convidado, fica magoado, e se é, janta como um escravo na mesa do senhor, todo tempo atento em não dizer ou fazer algo insensato. E do que supõe que ele tem medo? De que seja açoitado como um escravo? Como pode ele sair-se melhor? Mas como cabe a tais homens, um amigo de César, ele teme perder a cabeça.
> (IV, 1, 45-50)

Embora não seja certo que Epiteto tenha estado em Roma desde o governo de Nero, com certeza lá esteve sob os Flávios, até que Domiciano expulsou os filósofos em 92-93 d.C., quando então partiu para Nicópolis. Teve portanto uma experiência na corte imperial e daí que muitos dos exemplos que cita para ilustrar sua argumentação refiram-se a casos de favor ou desfavor de aristocratas frente ao imperador (Millar, 1965). Os *amici Caesaris* são os principais alvos de Epiteto, ironizados por viverem dependentes do beneplácito imperial para obterem cargos e sob contínuo medo de desagradar o monarca.

Salústio e Tácito: escravidão e interpretação histórica

A história na Antiguidade era um gênero de discurso, ordenado por regras retóricas e praticado por literatos, alguns dos quais exerciam a política, a qual muitas vezes ditava as orientações da escrita da história, tanto mais porque então se concebia o passado como uma fonte de exemplos para o presente. Entendia-se então que os homens, em todas as épocas, eram sempre motivados pelas mesmas paixões e interesses, e daí os historiadores antigos centrarem-se nas descrições de retratos psicológicos e morais dos personagens.

Por conseguinte, a escravidão surge nessas narrativas históricas apenas quando associada seja a eventos políticos de maior envergadura (como guerras), seja nos casos em que a relação senhor-escravo (ou patrono-liberto) era objeto de debate pela elite (vide capítulo 2), ou mesmo quando se tratava de rebeliões servis. Os escravos como grupo social pouco interessavam aos historiadores latinos, que mencionavam a escravidão sobretudo como uma metáfora para descrever cenários políticos. Este último dado é particularmente presente nas obras de Salústio e Tácito, que alçam a escravidão à condição de verdadeira chave de explicação histórica. Em ambos os autores a oposição entre liberdade e escravidão constitui-se em uma das principais linhas de força da narrativa.

Embora em todas as obras restantes de Salústio o vocabulário escravista seja recorrente, o relato sobre a conspiração de Catilina exemplifica bem seu procedimento de utilizar termos que remetem à escravidão na elaboração da narrativa histórica. Já no prólogo, Salústio expõe a dicotomia entre *imperium* e *servitium* como inerente à sua concepção do homem:

> Todo homem que deseje se elevar acima dos outros animais deve mostrar sumo empenho para não passar a vida em silêncio, como fazem os animais, que a natureza criou como inclinados e subordinados ao ventre. Toda nossa força reside na alma e no corpo; à alma cabe comandar (*animi imperio*), ao corpo servir (*corporis servitio*); o primeiro temos em comum com os deuses, o segundo com os animais. (I, 1 ss)

E, de fato, as ideias acima expostas encontram-se desenvolvidas ao longo da narrativa, que se constrói por meio de três antíteses: *homines/animalia* (homens/animais), *animus/corpus* (alma/corpo) e *imperium/servitium* (poder/escravidão) (Hock, 1988).

Assim, por exemplo, os conspiradores são descritos por termos que indicam que estão subordinados às necessidades do corpo, como se fossem animais (14, 2). A deficiência de raciocínio é outra característica que aproxima os conspiradores aos animais (5, 1; 5, 4; 5, 6; 12, 2; 23, 2; 43, 3; 52, 34) e que impede que obtenham qualquer resultado positivo. Já os senadores e mesmo o povo romano de outrora são retratados por Salústio como sábios, livres de qualquer subordinação ao corpo (6, 6; 8, 5). São justamente todos esses traços que impedem que a conspiração de Catilina obtenha êxito, ou seja, de que esses conspiradores tomem o poder (*imperium*), uma vez que têm uma tendência à escravidão (20, 16-17).

Há, portanto, uma concepção de escravidão que perpassa a análise que Salústio faz da conspiração de Catilina e que está intimamente ligada àquela postulada por Cícero, ou seja, de que a escravidão é o lote daqueles que não têm capacidade para se governar pela razão e, por conseguinte, é justo que sejam escravizados. Em particular, Salústio ressalta a validade de um dos paradoxos estoicos – apenas os livres são sábios, enquanto os insensatos são escravos (cf. Cícero, *Paradoxa Stoicorum*, 5, 35) – para a descrição dos conspiradores. O termo *servitium* nessa obra de Salústio designa não apenas o mundo servil, mas reveste-se de uma finalidade ético-política ao se referir a todo aquele grupo social que participa da conspiração.

Salústio foi posteriormente tomado como um modelo por Tácito, e também para este historiador a escravidão oferece uma chave de interpretação histórica. Em sua obra, a metáfora da escravidão é recorrentemente utilizada para representar a relação entre aristocracia e imperador e explicar a instauração do Principado e o fim da República. Nos *Anais* e nas *Histórias*, os conceitos de *libertas* e *servitus* aparecem frequentemente juntos e são aplicados para definir tanto condutas individuais como coletivas perante o poder imperial. Mas *libertas* e *servitus* também significam a oposição entre duas modalidades de governo, *principatus* e *dominatio*, respectivamente, em que o primeiro é basicamente neutro, invocando o governo de um só, enquanto o segundo significa uma degenerescência do *principatus*.

Nos *Anais*, Tácito explica o Principado como uma forma de contrato entre aristocracia e imperador, mas qualificado de "escravidão":

> [Augusto] ousando cada vez mais, concentrou em si as magistraturas, as funções senatoriais e as leis, já sem encontrar oposição, porque os mais altivos tinham morrido nos combates e proscrições, e o resto da nobreza, na proporção em que era disposta à escravidão, se acrescentava, com a nova ordem de coisas, em honras e riquezas, e preferia a segurança do presente aos perigos passados. Nem as províncias recusaram obedecer, desgostosas do governo do Senado e do povo romano, por causa das rivalidades dos poderosos e da avareza dos magistrados, contra os quais não valiam leis, frustradas sempre pela força, pelo conflito (*ambitus*) e pelo dinheiro. (*Anais*, I, 2)

De igual modo, ao se referir à intervenção do imperador Tibério nos comícios consulares, Tácito continua a explicar o mecanismo do Principado por meio da oposição *libertas/servitus*, a qual corresponde à dicotomia entre conflito (*ambitus*) e ordem:

> Ora, sem dar os nomes dos candidatos, indicava apenas a origem, fatos da vida e anos de serviço de cada um, para que se entendesse quais fossem; ora nem essas indicações dava, exortando os candidatos a não tumultuarem os comícios com conflito (*ambitus*), oferecendo para isso seu empenho. Muitas vezes declarava que só eram candidatos os que a ele haviam se apresentado, cujos nomes seriam revelados pelos cônsules, mas que também outros poderiam se apresentar, se confiassem nos seus méritos e crédito. Palavras de bela aparência, mas de fato vazias e falsas; quanto mais eram recobertas por uma imagem de liberdade, mais precipitavam uma cruel escravidão. (*Anais*, I, 81)

O Principado encerra assim, para Tácito, uma ambiguidade, expressa pelo modo como se contrapõem os termos *libertas* e *servitus*. A centralização do poder pelo imperador permitiu a supressão de parte dos conflitos internos à aristocracia e que causavam instabilidade à *res publica*. Por sua vez, tal centralização não poderia suprimir por completo a liberdade de instituições, como o Senado. Ambiguidade esta bem sintetizada pelo historiador num discurso que atribui ao imperador Galba, dirigido ao nobre Pisão, de quem pretendia fazer seu sucessor: "Deverás imperar sobre homens que não podem suportar nem uma total escravidão nem uma total liberdade" (*Histórias*, I, 16). Tácito tem, portanto, em mente, um conceito de liberdade que não descarta a existência de vínculos hierárquicos verticais, pois apenas assim seria possível, em sua opinião, a ordem social e política. Não por acaso, quando descreve a situação dos grupos sociais em Roma após a queda de Nero, divide-os em duas grandes partes de acordo com pertencimento ou não a redes clientelísticas. De um lado, "a parte íntegra do povo e ligada às grandes casas, os clientes e os libertos daqueles que foram condenados ou exilados", de outro, "a plebe sórdida e lançada ao teatro e ao circo [e] os piores escravos" (*Histórias*, I, 4, 3).

É devido a esta mesma ótica que Tácito detém-se na figura do liberto e transcreve um debate acerca da possibilidade de revogação de sua liberdade (*Anais*, XIII, 26-27, já mencionado). O liberto personifica precisamente aquele vínculo social entre a escravidão e a liberdade que interessava a Tácito ressaltar, assim como a questão da manumissão total ou parcial implicava para o historiador um problema de cunho político, pois dela dependia o estabelecimento no interior do corpo de cidadãos de relações de dependência mais ou menos acentuadas.

• • • • •

Os exemplos de tais usos metafóricos da escravidão poderiam ainda ser multiplicados. Não só a poesia latina, em especial a de natureza lírico-amorosa, mas também o teatro oferecem ilustrações de como a metáfora da escravidão era utilizada para representar o universo íntimo e doméstico do homem romano. Por sua vez, o cristianismo, que se desenvolveu dentro de espaços abrangidos pelo Império Romano, recorreu constantemente à metáfora da escravidão para estabelecer uma comunicação com seu público. De São Paulo a Santo Agostinho, a relação senhor-escravo foi utilizada não somente para representar a relação dos fiéis para com Deus, mas também a hierarquia dentro da própria Igreja. Desenvolver esse interessante aspecto cultural do mundo antigo demandaria um livro à parte, na medida em que envolveria uma análise das fusões entre a cultura clássica e a cristã.

Considerações finais

Como se procurou realçar neste livro, a escravidão na Roma antiga foi uma instituição cuja influência se fez sentir nas mais diversas esferas da vida social, seja na economia e na política, e sobretudo na própria cultura. Do ponto de vista da ideologia da camada senhorial, o escravo geralmente aparece excluído da comunidade cidadã: ele é, nas palavras citadas de Varrão, um "instrumento que fala", cuja única função é o trabalho para outrem. Mas o escravo era muito mais do que um meio de produção. A sua trajetória era determinada pela condição sociopolítica de seu senhor, de modo que o escravo atuava, por meio de sua situação de dependência, na sociedade em que estava inserido. Questão esta ainda mais relevante para o caso do mundo romano, onde o escravo podia contar, no seu horizonte de expectativa, com a manumissão e consequente inclusão (ainda que muitas vezes restrita e valorada pejorativamente) no corpo de cidadãos.

Por sua vez, no campo das representações culturais, o termo "escravidão" revestia-se de toda uma gama de significados negativos, de modo que não se encontra nos autores antigos qualquer crítica à escravidão como instituição, mas antes a crítica a uma racionalidade servil, ou seja, à adoção pela camada senhorial de traços de caráter que seriam próprios de um escravo: a falta de autocontrole, o apego a bens materiais, o egoísmo, o individualismo, a adulação dos superiores etc. Em outras palavras, diluía-se assim no campo moral a divisão entre livres e escravos, estabelecendo-se como que uma relação dialética, de mútua determinação, entre escravidão e liberdade. Por esta lógica, estar sob a dependência de alguém não significava necessariamente estar privado de liberdade e, vice-versa, ser livre não era garantia de total independência. Logo, a escravidão no mundo romano não podia se constituir num problema moral cuja resolução passasse necessariamente pela abolição. É um quadro, portanto, totalmente contrário daquele que tomou forma quando da implantação da escravidão em áreas coloniais nas Américas. Esse último processo se inseriu em outro universo intelectual que, a partir do século XVIII, colocou em termos antitéticos liberdade e escravidão, agora fortemente relacionada à coerção e contrastada com o trabalho assalariado livre, fruto da expansão do capitalismo industrial.

Vivemos numa época em que parece anacrônico falar de escravidão. Todavia, estima-se que há por volta de 27 milhões de escravos no mundo atual (dados de 1999), entendendo-se por escravidão "uma relação social e econômica em que um indivíduo é controlado mediante uso de violência ou de sua ameaça, sem receber qualquer pagamento, e economicamente explorado" (BALES, 2000, p. 3). Sob essa rubrica, os organismos internacionais incluem formas de exploração como escravidão por dívidas, trabalho compulsório de crianças ou imigrantes e prostituição forçada. Efeitos perversos – dos quais não faltam exemplos no Brasil – de processos econômicos que excluem e tornam vulneráveis grandes contingentes da população mundial. Trata-se de uma definição de escravidão bem diversa daquela que se aplica às sociedades escravistas clássicas do passado, tanto que não por acaso muitas vezes, de um ponto de vista jurídico-legal, prefira-se falar em "condições de trabalho análogas à escravidão". No entanto, há uma ponte entre a Antiguidade e a modernidade no que toca a este aspecto: em ambos os casos emprega-se o termo "escravidão" como um instrumento de crítica social, para iluminar aspectos que cada época entendia como degradantes da condição humana.

Indicações de leitura, filmes e sites

As edições críticas das fontes literárias gregas e latinas mais acessíveis são as da Les Belles Lettres e da Loeb Classical Library, que contém os textos em latim ou grego e tradução para o francês e inglês, respectivamente. Em espanhol há traduções publicadas pela editora Gredos e, em italiano, pela Rizzoli. Mas também existem traduções, para o português, de algumas das fontes citadas neste livro, a saber: *Satyricon*. Trad. de Miguel Ruas. São Paulo: Atena Editora, 1959; mas ver também a tradução por Sandra Maria G. B. Bianchet (Belo Horizonte: Crisálida, 2004); Sêneca, *Tratado sobre a clemência* (trad. de Ingeborg Braren)/Salústio, *Conjuração de Catilina/Guerra de Jugurta* (trad. de Antonio da Silveira Mendonça). Petrópolis: Vozes, 1990; Sêneca, *Cartas a Lucílio*. Trad. de J. A. Segurado e Campos. Lisboa: Fundação Calouste Gulbenkian, 1991; Suetônio, *A Vida dos doze Césares*. Trad. de Sady-Garibaldi. Rio de Janeiro:

Ediouro/Prestígio Editorial, 2002; Tácito, *Anais*. Trad. de Leopoldo Pereira. Rio de Janeiro: Ediouro, 1998; Tácito, *Obras menores*. Trad. de Agostinho da Silva. Lisboa: Horizonte, 1974; Tito Lívio, *História de Roma*. 6 vol. Trad. de Paulo Matos Peixoto. São Paulo: Paumape, 1989.

Uma tradução brasileira do chamado *Manual*, de Epiteto, pode ser acessada em: http://ia601204.us.archive.org/24/items/OEncheiridionDeEpictetoEdicaoBilingue/enchbifinal26.04.12.pdf.

Uma boa introdução aos problemas de método envolvidos no estudo da Antiguidade greco-romana é o livro de Pedro Paulo Abreu Funari, *Antiguidade Clássica: a história e a cultura a partir dos documentos* (Campinas: Editora da Unicamp, 1995).

Sobre a história social e política de Roma pode-se consultar Ciro Flamarion Santana Cardoso, *A cidade-estado antiga* (São Paulo: Ática, 1987), Fábio Faversani, *A pobreza no Satyricon de Petrônio* (Ouro Preto: Editora da Ufop, 1999), Geza Alföldy, *A história social de Roma* (Lisboa: Editorial Presença, 1989), Maria Luiza Corassin, *Sociedade e política na Roma antiga* (São Paulo: Atual, 2001), Norbert Rouland, *Roma, democracia impossível?* (Brasília: Editora da UnB, 1997), Norberto Luiz Guarinello, *Imperialismo greco-romano* (São Paulo: Ática, 1987), Paul Petit, *A paz romana* (São Paulo: Edusp/Pioneira, 1989) e Pedro Paulo Abreu Funari, *Grécia e Roma* (São Paulo: Contexto, 2001). Recomenda-se ainda as obras de Keith Hopkins, *Conquistadores y esclavos* (Barcelona: Península, 1981) e de Fergus Millar, *The*

Roman Empire and its neighbours (Londres: Duckworth, 1981; trad. esp., *El Imperio Romano y sus pueblos limítrofes*. México: Siglo XXI, 1974). Para uma abordagem da história romana nos quadros do Mediterrâneo antigo, ver Fernand Braudel, *Memórias do Mediterrâneo* (*Lisboa:* Terramar, 2001) e Norberto Guarinello, *História Antiga* (São Paulo: Contexto, 2013).

Dentre os estudos gerais sobre a escravidão romana ver Keith BRADLEY, *Slavery and society at Rome* (Cambridge: Cambridge University Press, 1996; trad. esp., *Esclavitud y sociedad en Roma*. Barcelona: Península, 1998), E. M. Staerman e M. K. Trofimova, *La esclavitud en la Italia imperial* (Madrid: Akal, 1979), Jean-Christian Dumont, *Servus: Rome et l'esclavage sous la République* (Roma: École Française de Rome, 1987), Yvon Thébert ("O escravo", em Andrea Giardina [org.], *O homem romano*. Lisboa: Editorial Presença, 1991, p. 117-145), William Fitzgerald, *Slavery and the Roman literary imagination* (Cambridge: Cambridge University Press, 2000) e Sandra Joshel, *Slavery in the Roman world* (Cambridge: Cambridge University Press, 2010).

Para um tratamento conjunto da escravidão grega e romana, ver Jean ANDREAU e Raymond Descat, *Esclave en Grèce et à Rome* (Paris: Hachette, 2006) e Keith BRADLEY e Paul Cartledge (eds.), *The Cambridge world history of slavery, volume 1: the ancient Mediterranean world* (Cambridge/Nova York: Cambridge University Press, 2011).

A obra de Moses Finley, *Escravidão antiga e ideologia moderna* (Rio de Janeiro: Graal, 1991), permanece uma referência. Questões conceituais envolvidas na definição de escravidão são discutidas por Igor Kopytoff ("Slavery". *Annual Review of Anthropology*, 11, 1982, p. 207-230), Ciro Flamarion Santana Cardoso, *O trabalho compulsório na Antiguidade* (Rio de Janeiro: Graal, 1984) e Orlando Patterson, *Slavery and social death: a comparative study* (Massachusetts: Harvard University Press, 1982; trad. bras. *Escravidão e morte social: um estudo comparativo*. São Paulo: Edusp, 2005).

Sobre as concepções acerca da escravidão na Antiguidade greco-romana, ver Peter Garnsey, *Ideas of slavery from Aristotle to Augustine* (Cambridge: Cambridge University Press, 1996). A esse respeito também vale consultar David Brion Davis, *O problema da escravidão na cultura ocidental* (Rio de Janeiro: Civilização Brasileira, 2001).

Sobre a figura do liberto na sociedade romana, há os estudos de A. M. Duff, *Freedmen in the Early Roman Empire* (Cambridge: W. Heffer & Sons, 1958), Georges Fabre, *Libertus: patrons et affranchis à Rome* (Roma: École Française de Rome, 1981), Susan Treggiari, *Roman freedmen during the Late Republic* (Oxford: Clarendon Press, 1969), Jean ANDREAU ("O liberto", em Andrea Giardina [org.], *O homem romano*. Lisboa: Editorial Presença, 1991, p. 149-165) e Henrik Mouritsen, *The freedman in the Roman world* (Cambridge: Cambridge University Press, 2011).

Para o caso dos escravos e libertos imperiais, ver Gustave Boulvert, *Esclaves et affranchis impériaux sous le Haut-Empire: rôle politique et administratif* (Napoli: Jovene, 1970) e P. R. C. Weaver, *Familia Caesaris: a social study of the emperor's freedmen and slaves* (Cambridge: Cambridge University Press, 1972).

Abaixo seguem as referências bibliográficas de obras utilizadas na confecção do livro, algumas das quais citadas no corpo do texto e que abordam temas mais específicos:

ANDREAU, J. "De l'esclavagisme aux esclaves gestionnaires". *Topoi*, 9, 1999, p. 103-112.

_____. "Prolétaires et entrepreneurs: La vie d'esclave à Rome". *L'Histoire*, 239, 2000, p. 88-93.

BALES, K. *New Slavery: a reference handbook*. Califórnia: ABC-CLIO, 2000.

BARJA DE QUIROGA, P. L. "Freedmen social mobility in Roman Italy". *Historia*, 44, 1995, p. 326-348.

BELLEN, H. "Antike Staatsräson: Die Hinrichtung der 400 Sklaven des römischen Stadtpräfekten L. Pedanius Secundo im Jahre 61 nº Chr". *Gymnasium*, 89, 1982, p. 449-467.

BRADLEY, K. R. "The Roman slave wars, 140-70 b.C.: a comparative perspective". In: YUGE, T. e DOI, M. (eds.). *Forms of control and subordination in Antiquity*. Tóquio: University of Tokyo Press, 1988, p. 369-376.

_____. "The problem of slavery in classical culture" (Review article). *Classical Philology*, 92, 1997, p. 273-282.

BRIQUEL, D. "Petite histoire d'une grande idée: l'ouverture de la citoyenneté aux anciens esclaves, source de la puissance de Rome". *Acta Classica*, 36, 2000, p. 31-49.

BUCKLAND, W. W. *The Roman law of slavery*, Cambridge: Cambridge University Press, 1908.

BURTON, G. "Slaves, freedmen and monarchy". Resenha de G. Boulvert, *Esclaves et affranchis impériaux sous le Haut-Empire Romain*. *Journal of Roman Studies*, 67, 1997, p. 162-166.

CANFORA, L. *Ideologías de los estudios clásicos*. Madrid: Akal, 1991.

CARLSEN, J. *Vilici and Roman estate managers until AD 284*. Roma: L'Erma di Bretschneider, 1995.

DEMOUGIN, S. "De l'esclavage a l'anneau d'or du chevalier". In: NICOLET, C. (org.). *Des ordres à Rome*. Paris: Publications de la Sorbonne, 1984, p. 215-241.

DUMONT, J.-Ch. *Servus: Rome et l'esclavage sous la République*. Roma: École Française de Rome, 1987.

_____. "La villa esclavagiste?". *Topoi*, 9, 1999, p. 113-127.

ECK, W. "La dipendenza come concetto ambivalente: a proposito del rapporto tra patrono e liberto". In: ECK, W. *Tra epigrafia, prosopografia e archeologia. Scritti scelti, rielaborati ed aggiornati*. Roma: Edizioni Quasar, 1996, p. 165-174.

ECKSTEIN, A. *Rome enters the Greek East: from anarchy to hierarchy in the Hellenistic Mediterranean, 230–170 B.C.* Malden: Blackwell, 2008.

FINKELMAN, P e MILLER, J. (orgs.). *Macmillan encyclopedia of world slavery*. Nova York: Simon & Schuster/ Macmillan, 1998.

FINLEY, M. I. *Politics in the Ancient World*. Cambridge: Cambridge University Press, 1996.

FITZGERALD, W. *Slavery and the Roman literary imagination*. Cambridge: Cambridge University Press, 2000.

FLORY, M. B. "Family in *familia*: kinship and community in slavery". *American Journal of Ancient History*, 3, 1978, p. 78-95.

GARNSEY, P. "Philo Judaeus and slave theory". *Scripta Classica Israelica*, 13, 1994, p. 30-45.

_____. *Ideas of slavery from Aristotle to Augustine*. Cambridge: Cambridge University Press, 1996.

GAUDEMET, J. *Institutions de l'Antiquité*. Paris: Sirey, 1967.

_____."Esclavage et dépendance dans l'Antiquité". In: GAUDEMET, J. *Droit et société aux derniers siècles de l'Empire Romain*. Napoli: Jovene, 1992, p. 237-274.

GILIBERTI, G. *Servi della terra: ricerche per una storia del colonato*. Torino: G. Giappichelli Editore, 1999.

GINSBURG, J. "*In maiores certamina*: past and present in the *Annals*". In: LUCE, T. J. e WOODMAN, A. J.

(eds.). *Tacitus and the Tacitean tradition*. New Jersey: Princeton University Press, 1993, p. 86-103.

GUMMERUS, H. *Der römische Gutsbetrieb als wirtschaftlicher Organismus nach den Werken des Cato, Varro und Columella*. Aalen: Scientia Verlag, 1979. (Klio – Beiträge zur Alten Geschichte, Beiheft 5)

HARRIS, W. V. "Towards a study of the Roman slave trade". *Memoirs of the American Academy at Rome*, 36, 1980, p. 117-40.

HERSCHBELL, J. P. "Epictetus: a freedman on slavery". *Ancient Society*, 26, 1995, p. 184-204.

HOCK, R. P. "Servile behavior in Sallust's *Bellum Catilinae*". *Classical World*, 82, 1988, p. 13-24.

HOLKESKAMP, K.-J. "Conquest, competition and consensus: Roman expansion in Italy and the rise of the *nobilitas*". *Historia*, 42, 1993, p. 12-39.

JOLY, F. D. "Capitalismo e burocracia: economia e política nas *Relações agrárias na Antiguidade*, de Max Weber". *Revista de História*, FFLCH/USP, 140, 1999, p. 9-22.

_____. "Espaço, poder e escravidão no *De Re Rustica* de Columela". *Revista Brasileira de História*, vol. 23, nº 45, 2003, p. 281-299.

_____. *Tácito e a metáfora da escravidão: um estudo de cultura política romana*. São Paulo: Edusp, 2004.

_____. e MARQUESE, R. de B. *Entre a escravidão e a liberdade*. São Paulo: Escolas Associadas, 2003.

_____. *Libertate Opus Est: Escravidão, Manumissão e Cidadania à Época de Nero (54-68 d.C.)*. Curitiba: Editora Progressiva, 2010.

JOSHEL, S. R. *Work, identity, and legal status at Rome: a study of the occupational inscriptions*. Norman: University of Oklahoma Press, 1992.

KOPYTOFF, I. Slavery. *Annual Review of Anthropology*, 11, 1982, p. 207-230.

LÉVY-BRUHL, H. "Théorie de l'esclavage" [1931]. In: FINLEY, M. I. (ed.). *Slavery in Classical Antiquity*. Cambridge: W. Heffer & Sons, 1960, p. 151-169.

LINTOTT, A. "Freedmen and slaves in the light of legal documents from first-century A.D. Campania". *Classical Quarterly*, 52.2, 2002, p. 555-565.

MACMULLEN, R. "Late Roman slavery". *Historia*, 36, 1987, p. 359-382.

MATHISEN, R. W. "*Peregrini, Barbari,* and *Cives Romani* Concepts of Citizenship and the Legal Identity of Barbarians in the Later Roman Empire". *The American Historical Review* 111, 2006, p. 1011-40.

MARTIN, D. B. *Slavery as salvation: the metaphor of slavery in Pauline Christianity*. New Haven: Yale University Press, 1990.

MARTIN, R. *Recherches sur les agronomes latins et leurs conceptions économiques et sociales*. Paris: Les Belles Lettres, 1971.

_____. "*Familia Rustica*: les esclaves chez les agronomes latins". *Annales Littéraires de l'Université de Besançon*, 163, 1974, p. 267-297.

MCKEOWN, N. *The invention of ancient slavery?* Londres: Duckworth, 2007.

MILLAR, F. "Epictetus and the imperial court". *Journal of Roman Studies*, 55, 1965, p. 141-148.

_____. *The Roman Empire and its neighbours*. Londres: Duckworth, 1981.

_____. *The emperor in the Roman World: 31 BC – AD 337*. Londres: Duckworth, 1992.

_____. "The Roman *libertus* and civic freedom". *Arethusa*, 28, 1995, p. 99-105.

MORRIS, R. "Emancipation in Byzantium: Roman law in a medieval society". In: BUSH, M. L. (ed.). *Serfdom and Slavery: studies in legal bondage*. Nova York: Longman, 1996, p. 130-43.

NABUCO, J. *A escravidão*. Rio de Janeiro: Nova Fronteira, 1999.

PARRY, V. J. "Elite elements in the Ottoman Empire". In: WILKINSON, R. (ed.). *Governing elites: studies in training and selection*. Nova York: Oxford University Press, 1969, p. 50-73.

PATTERSON, O. *Slavery and social death: a comparative study*. Massachusetts: Harvard University Press, 1982.

_____. *Freedom: freedom in the making of Western culture*, vol. 1. Nova York: Harper Collins, 1991.

PAVIS D'ESCURAC, H. "La *Familia Caesaris* et les affaires publiques: *discretam domum et rem publicam* (Tacite, *Annales*, XIII, 4)". In: LÉVY, E. (ed.). *Le système palatial en Orient, en Grèce et à Rome*. Actes du Colloque de Strasbourg, 19-22 juin 1985. Strasbourg: Université des Sciences Humaines de Strasbourg, 1987, p. 393-410.

PEREIRA MENAUT, G. "El número de esclavos en las províncias romanas del Mediterráneo occidental en el Império". *Klio*, 63, 1981, p. 373-399.

_____. "From slavery-research to political economy". In: MACTOUX, M.-M. e GENY, E. (eds.). *Mélanges Pierre Lévêque*, vol. 5. Paris: Les Belles Lettres, 1990.

RATHBONE, D. W. "The slave mode of production in Italy". Resenha de A. Giardina e A. Schiavone (eds.), *Società romana e produzione schiavistica*. *Journal of Roman Studies*, 73, 1983, p. 160-168.

ROGERS, G. M. "Freedom in the making of Western culture". *Arethusa*, 28, 1995, p. 87-98.

ROLLER, M. *Constructing autocracy: aristocrats and emperors in Julio-Claudian Rome*. Princeton: Princeton University Press, 2001.

SHAW, B. D. "A Wolf by the Ears': M. I. Finley's *Ancient slavery and modern ideology* in historical context". In: FINLEY, M. I. *Ancient slavery and modern ideology*, Princeton: Markus Wiener Publishers, 1998, p. 3-74.

_____. *Spartacus and the slave wars: a brief history with documents*. Boston/Nova York: Bedford/St. Martin's, 2001.

SHERWIN-WHITE, A. N. *The Roman citizenship*. Oxford: Clarendon Press, 1980.

SCHEIDEL, W. "The slave population of Roman Italy: speculation and constraints". *Topoi*, 9, 1999, p. 129-144.

_____."Human mobility in Roman Italy, II: The slave population". *Journal of Roman Studies*, 95, 2005, p. 64-79.

SCHIAVONE, A. "Legge di natura o convenzione sociale? Aristotele, Cicerone, Ulpiano sulla schiavitù-merce". In: MOGGI, M. e CORDIANO, G. (orgs.). *Schiavi e dipendenti nell'ambito dell'oikos e della familia*. Pisa: Edizioni ETS, 1997, p. 173-182.

_____. *La storia spezzata: Roma antica e Occidente moderno*. Roma-Bari: Editori Laterza, 1999.

STRASBURGER, H. "Poseidonios on problems of the Roman Empire". *Journal of Roman Studies*, 55, 1965, p. 40-53.

THOMPSON, F. H. *The archaeology of Greek and Roman slavery*. Londres: Routledge, 2003.

TREGGIARI, S. "Domestic staff at Rome in the Julio-Claudian period, 27 B.C. to A.D. 68". *Histoire Sociale*, 6, 1973, p. 241-255.

_____. "Jobs in the household of Livia". *Papers of the British School at Rome*, 43, 1975, p. 48-77.

URBAINCZYK, T. *Slave revolts in Antiquity*. Berkeley: University of California Press, 2008.

VITTINGHOFF, F. "Die Theorie des historischen Materialismus über den antiken 'Sklavenhalterstaat'. Probleme der Alten Geschichte bei den 'Klassikern' des Marxismus und in der modernen sowjetischen Forschung". In: VITTINGHOFF, F. *Civitas Romana: Stadt und politisch-soziale Integration im Imperium Romanum der Kaiserzeit*. Stuttgart: Klett-Cotta, 1994, p. 474-528.

WALDSTEIN, W. *Operae libertorum: Untersuchungen zur Dienstpflicht freigelassener Sklaven*. Stuttgart: Franz Steiner Verlag, 1986.

WEAVER, P. R. C. "Movilidad social en el Alto Imperio Romano: la evidéncia de los libertos imperiales y los esclavos". In: FINLEY, M. I. (org.). *Estudios sobre Historia Antigua*. Madrid: Akal Editor, 1981, p. 137-156.

WEBER, M. *Storia economica e sociale dell'Antichità: i rapporti agrari*. Roma: Editori Riuniti, 1992.

WIEDEMANN, T. "The regularity of manumission at Rome". *Classical Quarterly*, 35.1, 1985, p. 162-175.

_____. "Slavery". *Greece & Rome New Surveys in the Classics Nº 19*. Oxford: Clarendon Press, 1987.

_____. *Greek and Roman slavery*. Londres: Routledge, 1997.

WINTERLING, A. "Staat, Gesellschaft und politische Integration in der römischen Kaiserzeit". *Klio*, 83, 2001, p. 93-112.

WIRSZUBSKI, Ch. *Libertas as a political idea at Rome during the Late Republic and Early Principate*. Cambridge: Cambridge University Press, 1968.

YAVETZ, Z. *Slaves and slavery in ancient Rome*. New Brunswick: Transaction Publishers, 1991.

Filmes

A escravidão romana aparece retratada em alguns filmes que merecem ser vistos pelas questões que podem suscitar, considerando-se as mensagens que pretendiam transmitir à época de suas realizações.

De 1960 é *Spartacus*, dirigido por Stanley Kubrick, que narra, em tom épico, a história da revolta do gladiador trácio Espártaco entre 73 e 71 a.C. O filme inicia com o escravo Espártaco (Kirk Douglas) sendo retirado do trabalho das minas para ser treinado como gladiador numa escola. Submetidos a uma dura rotina de degradação e violência, a tensão entre os gladiadores aumenta quando um senador romano, Marco Licínio Crasso, por ali passa e ordena que tenha lugar um combate até a morte. O gladiador, que luta contra Espártaco, recusa-se a matá-lo, lançando então sua arma contra Crasso, que o estrangula em seguida. Por sua vez, Varinia, escrava por quem Espártaco se apaixonara e com quem casaria posteriormente no filme, é vendida a Crasso. Esses episódios contribuem para a eclosão de uma rebelião e os gladiadores fogem com Espártaco como líder. Em sua marcha pela Itália, ele vai libertando escravos e arregimentando seguidores. Forma-se então uma comunidade onde prevalece a solidariedade e a ajuda mútua. Embora tenha em alguns momentos conseguido derrotar as tropas romanas, o grupo é finalmente liquidado e parte dos escravos é crucificada ao longo da Via Ápia. Varinia, com um filho de Espártaco nos braços, parte de Roma vendo o marido morrendo na cruz.

O filme *Gladiador* (2000), de Ridley Scott, retoma o tema do escravo gladiador, mas sob outra perspectiva. O momento histórico é agora o final do século II d.C. O velho imperador Marco Aurélio está na Germânia onde suas tropas acabam de derrotar os bárbaros. Preocupado com o destino do império após sua morte, o imperador pensa em fazer do general vitorioso Máximo (Russell Crowe) seu sucessor, em detrimento do próprio filho Cômodo, que considera incapaz para governar. Marco Aurélio explica seus desígnios a Máximo, aconselhando-o a depois devolver o poder ao Senado para que Roma volte a ser uma República. Cômodo, no entanto, ao ficar sabendo da vontade do pai, acaba por matá-lo pessoalmente e, tornando-se imperador, logo ordena que Máximo e sua família sejam mortos. O general consegue escapar, mas encontra sua mulher e filho já executados ao chegar à sua propriedade rural na Espanha. É então capturado por mercadores e vendido como escravo para lutar como gladiador. Quando levado para Roma, Máximo ganha as graças do povo no anfiteatro e, revelada sua identidade, torna-se uma ameaça para Cômodo. O imperador acaba morto por Máximo na arena do Coliseu e o Senado assume o governo de Roma.

A despeito da permanência do tema da escravidão, a sua inserção é radicalmente diferente nos dois filmes. Enquanto em *Spartacus* ela pode ser situada numa discussão sobre as possibilidades de uma revolução social, em *Gladiador*, filmado quarenta anos depois, essa temática nem sequer comparece. O povo é apresentado como uma massa manipulável e sem peso político, e os escravos sem qualquer projeto de emancipação coletiva. Enfim, ainda na cultura contemporânea – da qual o cinema é um dos mais fortes veículos – representações da escravidão romana podem servir a distintas visões da sociedade e da política.

Indicações de sites

Embora os principais centros de pesquisa em História Antiga e Letras Clássicas estejam localizados na Europa e nos Estados Unidos, observa-se no Brasil um crescente interesse por esses campos, o que já se faz notar na constituição de centros e núcleos de pesquisa nas universidades e na participação de pesquisadores em simpósios e congressos. Abaixo estão listados alguns desses centros e núcleos:

Centro de Estudos e Documentação sobre o Pensamento Antigo Clássico, Helenístico e sua Posteridade Histórica (CPA) – Instituto de Filosofia e Ciências

Humanas/Universidade de Campinas: https://www.e-science.unicamp.br/cpantigo/

Centro de Estudos Interdisciplinares da Antiguidade (CEIA) – Instituto de Ciências Humanas e Filosofia/Universidade Federal Fluminense: http://ceiauff.wordpress.com/

Grupo de Trabalho de História Antiga – Associação Nacional de História (ANPUH): http://gtantiga.net/

Laboratório de Estudos sobre o Império Romano (LEIR) – USP: www.leir.ufop.br/

Laboratório de História Antiga (LHIA) – Instituto de Filosofia e Ciências Sociais/Universidade Federal do Rio de Janeiro: http://www.ifcs.ufrj.br/~lhia/

Núcleo de Estudos da Antiguidade (NEA) – Instituto de Filosofia e Ciências Humanas/Universidade do Estado do Rio de Janeiro: http://www.nea.uerj.br/

Núcleo de Estudos Antigos e Medievais (NEAM) – Faculdade de Ciências e Letras/Universidade Estadual Paulista – campus Assis: http://www.letras.ufmg.br/cms/index.asp?pasta=nucleos/neam/

Núcleo de Estudos e Referências da Antiguidade e do Medievo – Unirio: http://historiaunirio.com.br/nero/index.php

Núcleo de História Antiga – Instituto de Filosofia e Ciências Humanas/Universidade Federal do Rio Grande do Sul: www.ufrgs.br/antiga/

Política e sociedade no mundo greco-romano: entre tradição e inovação – UnB: http://www.mgr-unb.org/

Sociedade Brasileira de Estudos Clássicos (SBEC): http://www.classica.org.br/

2ª edição/1ª reimpressão

Esta obra foi impressa pela Graphuim em São Paulo no inverno de 2016. No texto foi utilizada a fonte Minion Pro em corpo 11 e entrelinha de 15,5 pontos.